EN İYİ KİRAZ YEMEK KİTABI

100 Nefis Tarifle Kirazların Tatlı ve Ekşi Lezzetlerini Keşfedin

Aynur Taş

İÇİNDEKİLER

İÇİNDEKİLER 3

GİRİİŞ 6

TEMEL TARİFLER 7

1. VIŞNE SUYU 8
2. KİRAZ ŞURUBU 10
3. VIŞNE LİKÖRÜ 12
4. KIRAZLI TURTA DOLDURMA 14
5. KIRAZ REÇELLERI 16
6. KIRAZ TOZU 18
7. VIŞNE REÇELI 20
8. KIRAZ SOSU 23
9. KIRAZ SÜTÜ 25
10. VIŞNE SALATASI 27
11. KIRAZ EZMESI 29
12. HAŞLANMIŞ KIRAZ 31
13. KAVRULMUŞ KİRAZ 33

KAHVALTI VE BRUNCH 35

14. KIRAZLI MUZLU EKMEK 36
15. KIRAZ VE ANTEP FISTIĞI YULAF EZMESI 39
16. KIRAZ DOLMASI İNGILIZ ÇÖREĞI 41
17. AMARETTO VİŞNELI ÇÖREKLER 43
18. LAVANTA KİRAZ GECELİK YULAF 45
19. KİRAZ DOLGULU KRAKER KRUVASAN 47
20. VIŞNELI SICAK ÇIKOLATA 49
21. KIRAZLI FRANSIZ TOSTU 51
22. KIRAZLI BADEMLİ KREP 54
23. BRENDİ KIRAZLI WAFFLE 56
24. DOĞUM GÜNÜ KİRAZLI CEVİZLİ EKMEK 58
25. VIŞNE REÇELLI ÇÖREK 61
26. KIRAZLI BİSKÜVİ 64
27. BRENDİ KIRAZLI TOBLERONE KREP 66
28. KIRAZLI KREP 68
29. KIRAZ KAHVESİ 70
30. VIŞNELI ÇIKOLATALI ÇÖREK 72

ATIŞTIRMALIKLAR 75

31. KIRAZ DOLGULU ÇIKOLATALI TRÜF 76
32. KİRAZ BARLARI 78
33. CHERRY MALT BLISS CUPCAKES 80
34. VİŞNELI FIRILDAK KURABIYELERI 83
35. KIRAZ KİNOA ÇUBUK 85
36. BİTTER ÇIKOLATALI KİRAZ SALKIMLARI 87

37. Vişneli Rom Topları...89

38. Bitter Çikolata Kaplı Kiraz...91

39. Kiraz Ciroları...93

40. Rum Kirazlı börek..95

41. Kirazlı Patlamış Mısır..97

42. Kiraz Yolu Karışımı..99

43. Vişne Kremalı Puflar..101

44. Vişneli Brownie Lokmaları...104

45. Kiraz Şarabı Pirinçli Çıtır İkramlar....................................106

46. Kiraz Enerji Topları...108

47. Kiraz Kurabiyeleri..110

48. Kiraz Şarabı Pirinçli Çıtır İkramlar....................................113

TATLI.. **115**

49. Kırmızı Ayna Sırlı Kirazlı Cheesecake...............................116

50. Kirazlı fındıklı çıtır pasta...120

51. Kiraz, Ravent ve Kavun Salatası......................................122

52. Vişneli ve Yaban Mersinli Amaretto Dondurma.................124

53. Vişneli Süt Kırıntısı...126

54. Vişneli parfe..128

55. Kiraz Kremalı Dakuaz...130

56. Cappuccino Yaban Mersini Gevreği...................................133

57. Kiraz Bavarois...135

58. Kirazlı Ters Kek...137

59. Vişneli Badem Kreması..139

60. Vişneli Brownie Turtası...141

61. Vişneli Turta..143

62. Muhallebi Kek..145

63. Limonlu Kiraz Fındık Köpüğü...147

64. Kiraz köpüğü...149

65. Çift Kiraz Semifreddo..151

66. Tart Vişneli Girdap Hindistan Cevizli Dondurma................154

67. Eski Tarz Dondurma..157

68. Kiraz ve Badem Pavlova..159

69. Taze kirazlı turta..161

70. Vişneli Rulo Dondurma...163

71. Vişneli Cheesecake Dondurma..165

72. Kirazlı kek...167

73. Kiraz pastası...169

74. Vişneli Sufle..171

75. Vişneli Tiramisu...173

76. Kiraz Meyveli Chia Puding..176

77. Kiraz Cannoli...178

78. Vişneli turta..181

79. Brownie ile kirazlı dondurma..183

80. Kıraz Huş Ağacı 186
81. Vişneli Kabak 188
82. Kıraz Boule-de-Neige 190

İÇECEKLER **193**

83. Kiraz-Vanilyalı Bourbon 194
84. Vişneli Limonata 196
85. Vişneli Tutti-Frutti 198
86. Ananaslı Kiraz Yumruğu 201
87. Bourbon ve Kıraz Kokteyli 203
88. Kıraz Salatalık Tazeleyici 205
89. Vişneli limonata 207
90. Kıraz-Nane Suyu 209
91. Kiraz ve Maydanozlu Mokteyl 211
92. Buzlu Kıraz mocha 213
93. Bing C Herry Likörü 215
94. Kıraz-Vanilyalı Bourbon 217
95. Kirazlı konyak 219
96. Kirazla aşılanmış konyak 221
97. Kiraz Kombucha 223
98. Kıraz Martini 225
99. Kıraz Boba milkshake 227
100. Vişneli Vanilyalı Smoothie 229

ÇÖZÜM **231**

GİRİŞ

100 nefis tarifle kirazların enfes tatlı ve ekşi tatlarını keşfetme rehberiniz "EN İYİ KİRAZ YEMEK KİTABI"a hoş geldiniz. Kiraz, canlı rengi ve karşı konulmaz tadıyla tüm dünyada insanların severek tükettiği bir meyvedir. Bu yemek kitabında kirazların çok yönlülüğünü ve lezzetliliğini kutluyor, çok çeşitli mutfak kreasyonlarında benzersiz lezzet profillerini sergiliyoruz.

Bu yemek kitabında kirazların dünyasında bir mutfak macerasına atılacak, kirazların tatlı ve mayhoş tatlarını öne çıkaran zengin tarifler keşfedeceksiniz. Klasik kirazlı turtalardan meyveli reçellere, kiraz soslu tavuk ve canlı salatalar gibi lezzetli yemeklere kadar her tarif, bu sevilen meyvenin lezzetli çok yönlülüğünü sergilemek için hazırlandı. İster tatlı tatlıların ister tuzlu ana yemeklerin hayranı olun, bu koleksiyonda herkesin keyif alacağı bir şeyler var.

"EN İYİ KİRAZ YEMEK KİTABI"u diğerlerinden ayıran şey, yaratıcılığa ve yeniliğe verdiği önemdir. Kirazlar genellikle turtalar ve pastalar gibi klasik tatlılarla ilişkilendirilse de, bu yemek kitabı onların kahvaltı ikramlarından iştah açıcı mezelere ve daha fazlasına kadar çok çeşitli yemeklerdeki potansiyellerini araştırıyor. Takip edilmesi kolay talimatlar ve faydalı ipuçlarıyla, kirazları yeni ve heyecan verici şekillerde denemek için ilham alacak ve her öğüne lezzet katacaksınız.

Bu yemek kitabı boyunca kirazların seçilmesi, saklanması ve hazırlanması konusunda pratik tavsiyelerin yanı sıra mutfak kreasyonlarınıza ilham verecek çarpıcı fotoğraflar bulacaksınız. İster özel bir gün için yemek yapıyor olun, ister bir akşam yemeği partisine ev sahipliği yapıyor olun, ister sadece leziz bir kiraz ikramının tadını çıkarmak istiyor olun, "EN İYİ KİRAZ YEMEK KİTABI" bu enfes meyveden en iyi şekilde yararlanmak için ihtiyacınız olan her şeye sahiptir.

TEMEL TARİFLER

1.Vişne suyu

İÇİNDEKİLER:

- 3 bardak Kiraz; olgun ve taze veya dondurulmuş
- ½ bardak Su

TALİMATLAR:

a) Kirazları yıkayıp çekirdeklerini çıkararak başlayın.

b) Çekirdekleri çıkarılmış kirazları meyve sıkacağı kanalından besleyin ve işi makinenin yapmasına izin verin.

c) Meyveden mümkün olduğu kadar fazla meyve suyu elde etmek için posayı bir veya iki kez daha yeniden işleyin.

2.Kiraz Şurubu

İÇİNDEKİLER:

- ½ su bardağı taze kiraz
- ½ bardak Şeker
- ½ bardak su

TALİMATLAR:

a) Şekeri su ile küçük bir tencerede kısık ateşte ısıtın.
b) Kirazları şuruba ekleyin ve gece boyunca hava geçirmez bir kapta bekletin.
c) Kirazları süzün ve atın.

3.Vişne Likörü

İÇİNDEKİLER:

- 4 bardak votka
- 4 bardak dondurulmuş koyu çekirdekleri çıkarılmış kiraz, çözülmüş
- 2 su bardağı toz şeker

TALİMATLAR:

a) Büyük votka şişesini iki litrelik konserve kavanozu arasında eşit olarak bölün ve her kavanozu 2 bardaktan biraz daha fazla votkayla doldurun.

b) Her kavanoza iki bardak kiraz ekleyin.

c) Her kavanoza 1 su bardağı toz şeker ekleyin.

ç) Kapakları sıkıca kapatın ve malzemelerin iyice karışması için kavanozları iyice çalkalayın.

d) Kavanozları en az 1 ay boyunca karanlık bir dolaba veya başka bir karanlık yere koyun. Bu süre zarfında haftada en az iki kez veya aklınıza geldikçe kavanozları çalkalayın. Bu süre zarfında şeker tamamen eriyecektir. Votka 1 ay sonra tatlandırılacaktır, ancak daha derin bir tat ve renk için daha uzun süre demlenmesini sağlayabilirsiniz.

e) Likörün demlenmesi bittiğinde, likör kavanozlarından birini dökme ağzı olan büyük bir cam ölçüye süzün. Daha sonra likörü, kapakları sıkıca kapatılmış iki adet sterilize edilmiş 8½ onsluk şişelere boşaltın. Bu işlemi ikinci kavanozla tekrarlayın.

f) Tüm kirazları litrelik kavanozlardan birine yerleştirin ve üzerine rom, burbon veya brendi ekleyerek kokteyl kirazları hazırlayın. Ayrıca, özellikle eski moda kokteyl hayranlarına uygun, keyifli hediyeler için bunları daha küçük kavanozlara bölebilirsiniz.

g) Likör ve kiraz şişelerini dolap veya kiler gibi serin ve kuru bir yerde saklayın.

4.Kirazlı Turta Doldurma

İÇİNDEKİLER:

- 4 bardak (616 g) çekirdeği çıkarılmış kiraz, donmuşsa çözülmüş
- 1 su bardağı (198 gr) toz şeker
- 2 yemek kaşığı limon suyu
- ¼ su bardağı (28 gr) mısır nişastası
- Küçük bir tutam tuz
- İsteğe bağlı: ⅛ çay kaşığı tarçın

TALİMATLAR:

a) Orta boy bir tencerede, orta ateşte, kirazları, toz şekeri, limon suyunu, mısır nişastasını, bir tutam tuzu ve isteğe bağlı olarak tarçını birleştirin. İyice karıştırın.

b) Kirazlarınız çok sulu değilse karışıma su eklemeyi düşünün. İhtiyacınız olan su miktarı meyvenizin nem içeriğine bağlı olarak birkaç yemek kaşığından yarım bardağa kadar değişebilir. Bu, istenen tutarlılığın elde edilmesine yardımcı olur.

c) Karışımı kaynatın. Kaynamaya başladıktan sonra ısıyı orta-düşük seviyeye indirin.

ç) 8-10 dakika veya karışım koyulaşana kadar pişirin. Karışımın tavaya yapıştığını fark ederseniz, ısıyı en aza indirin ve yapışmayı önlemek için bir miktar su ekleyin.

d) Tencereyi ocaktan alın ve vişneli pasta dolgusunun hafifçe soğumasını bekleyin.

5.Kiraz Reçelleri

İÇİNDEKİLER:

- 1 pound çekirdeksiz kiraz (taze veya dondurulmuş)
- 1½ su bardağı toz şeker
- 1 yemek kaşığı taze sıkılmış limon suyu
- ½ çay kaşığı limon kabuğu rendesi
- 1 yemek kaşığı tereyağı

TALİMATLAR:

a) Kirazları yıkayıp hazırlayarak başlayın. Dondurulmuş kiraz kullanıyorsanız önceden eritmenize gerek yoktur.

b) Orta boy bir tencerede kirazları, toz şekeri, taze sıkılmış limon suyunu ve limon kabuğu rendesini birleştirin.

c) Malzemeleri orta-düşük ateşte şeker tamamen eriyene kadar karıştırın, bu yaklaşık 5 dakika sürecektir.

ç) Isıyı arttırın ve karışımı kaynatın. 3 dakika kaynattıktan sonra ocaktan alın ve bir çorba kaşığı tereyağını ekleyerek karıştırın.

d) Tencereyi tekrar ateşe verin ve tekrar kaynatın. Daha sonra ısıyı orta dereceye düşürün. Kirazları sık sık karıştırıp ezin, reçel koyulaşana kadar kaynatmaya devam edin. Ayrıca sıcaklığı da kontrol edebilirsiniz; sıcaklığın 220°F/104°C'ye ulaşması gerekir. Bu genellikle yaklaşık 10 ila 15 dakika sürer.

e) Reçeli biraz soğumaya bırakın ve dikkatlice temiz, temperlenmiş bir kavanoza aktarın.

f) Reçel tamamen soğuduktan sonra kavanozun kapağını kapatın ve buzdolabında saklayın.

6.Kiraz Tozu

İÇİNDEKİLER:
- Taze veya dondurulmuş kirazlar

TALİMATLAR:

a) Kirazları yıkayıp iyice kurutarak başlayın. Gerekirse sapları ve çukurları çıkarın.

b) Dondurulmuş kirazlarınız varsa, tamamen çözüldüklerinden emin olun ve kurulayın.

c) Hazırlanan kirazları kurutucu tepsilere tek kat halinde birbirine değmeyecek şekilde yerleştirin.

ç) Kurutucuyu kirazlar için yaklaşık 135°F (57°C) sıcaklığa ayarlayın.

d) Kirazları yaklaşık 8-12 saat veya tamamen kuru ve kırılgan hale gelinceye kadar kurutun. Kurutucunuza ve kirazların nem oranına göre süre değişebilir.

e) Fırınınızı mümkün olan en düşük sıcaklığa (genellikle 170°F veya 75°C civarında) önceden ısıtın.

f) Hazırlanan kirazları parşömen kağıdıyla kaplı bir fırın tepsisine tek kat halinde yerleştirin.

g) Nemin dışarı çıkmasını sağlamak için, tahta bir kaşık veya fırına dayanıklı bir alet kullanarak fırın kapağını hafifçe açın.

ğ) Kirazları düzenli olarak kontrol ederek 6-10 saat pişirin. Tamamen kuru ve kırılgan olduklarında hazırdırlar.

h) Kurutulmuş kirazların oda sıcaklığına soğumasını bekleyin.

ı) Kurutulmuş kirazları bir baharat öğütücüye, blendere veya mutfak robotuna aktarın. Daha kaba bir doku tercih ederseniz harç ve havaneli de kullanabilirsiniz.

i) İnce bir toz elde edene kadar kurutulmuş kirazları pulslayın veya öğütün. Bu, ekipmanınıza bağlı olarak birkaç dakika sürebilir.

j) Kiraz tozunu, sıkı kapanan kapaklı cam kavanoz gibi hava geçirmez bir kaba aktarın.

k) Direkt güneş ışığından uzak, serin ve kuru bir yerde saklayın.

l) Kiraz tozu çeşitli tariflerde doğal tatlandırıcı ve renklendirici madde olarak kullanılabilir. Smoothie'lere, yulaf ezmesine, unlu mamullere, soslara ve hatta ev yapımı dondurmalara kiraz aroması eklemek harikadır.

m) Kullandığınız tarife bağlı olarak kiraz tozu miktarını damak tadınıza göre ayarlayın.

7.Vişne Reçeli

İÇİNDEKİLER:

- 3 bardak taze kiraz, çekirdekleri çıkarılmış ve doğranmış
- ½ su bardağı şekersiz elma suyu
- 2 çay kaşığı limon suyu
- 2 (2 ons) paket toz meyve pektini
- 3 su bardağı beyaz şeker
- Kapaklı ve halkalı 4 adet yarım litrelik konserve kavanozu

TALİMATLAR:

a) Orta ateşteki büyük bir tencerede kirazları, elma suyunu, limon suyunu ve toz meyve pektinini birleştirin. Karışımı kaynatın ve beyaz şekeri ekleyerek karıştırın. Reçeli sürekli karıştırarak 2 dakika boyunca kaynayan ateşte pişmeye bırakın. Ateşten alın ve köpükleri temizleyin.

b) Konserve kavanozlarını ve kapaklarını kaynar suda en az 5 dakika bekleterek sterilize edin. Sıcak vişne reçelini sterilize edilmiş kavanozlara, üst kısmı ¼ inç kalacak şekilde doldurun. Kavanozları doldurduktan sonra, hava kabarcıklarını gidermek için içleri boyunca bir bıçak veya ince bir spatula gezdirin.

c) Yiyecek kalıntılarını ortadan kaldırmak için kavanozun kenarlarını nemli bir kağıt havluyla silin. Her kavanozu bir kapakla kapatın ve halkaları vidalayın.

ç) Büyük bir tencerenin dibine bir raf yerleştirin ve yarısına kadar suyla doldurun.

d) Suyu yüksek ateşte kaynatın. Dolu kavanozları bir kavanoz tutucusu kullanarak dikkatlice tencereye indirin ve aralarında 2 inç boşluk olduğundan emin olun.

e) Gerekirse daha fazla kaynar su ekleyin, su seviyesini kavanozların üst kısımlarından en az 1 inç yukarıda tutun.

f) Suyu tekrar kaynama noktasına getirin, tencerenin kapağını kapatın ve 15 dakika boyunca veya ilçe Uzatma temsilciniz tarafından tavsiye edildiği şekilde işlem yapın.

g) Kavanozları tencereden çıkarın ve kumaşla kaplı veya ahşap bir yüzeye, aralarında birkaç santim mesafe olacak şekilde yerleştirin.

ğ) Soğumalarına izin verin. Soğuduktan sonra, sıkı bir sızdırmazlık sağlamak için her bir kapağın üst kısmına parmağınızla bastırın (kapak yukarı veya aşağı hareket etmemelidir).

h) Kiraz reçelinizi serin ve karanlık bir yerde saklayın.

8.Kiraz Sosu

İÇİNDEKİLER:

- 4 bardak tatlı kiraz (taze veya dondurulmuş), çekirdekleri çıkarılmış
- ¼ ila ⅓ bardak su
- 1 yemek kaşığı mısır nişastası
- 1 yemek kaşığı limon suyu
- 2 yemek kaşığı şeker

TALİMATLAR:

a) Orta boy bir tencereye (ateşi kapalı) suyu dökün. Taze kirazlar için ⅓ bardak su, dondurulmuş kirazlar için ¼ bardak su kullanın. 1 yemek kaşığı mısır nişastasını, 1 yemek kaşığı limon suyunu ve 2 yemek kaşığı şekeri çırpın.

b) Tencereyi orta ateşe oturtun ve karışım koyulaşmaya başlayıncaya kadar sürekli karıştırın.

c) Kirazları ekleyin ve ara sıra karıştırarak sos hafif kaynayana kadar pişirin. Bu, taze kirazlar için yaklaşık 6-10 dakika, dondurulmuş kirazlar için ise 12-15 dakika sürecektir. Sos sadece kenarlarda değil, koyulaştırılmalı ve eşit şekilde köpürmelidir. Elde edildikten sonra ocaktan alın.

ç) Sosun oda sıcaklığına soğumasını bekleyin, ardından üzerini kapatıp, cam kavanozda veya Tupperware kabında, kullanmaya hazır olana kadar buzdolabında saklayın. Durdukça daha da kalınlaşacaktır.

9.Kiraz Sütü

İÇİNDEKİLER:

- 6 ons badem sütü
- 4 ons tart vişne suyu
- 1 yemek kaşığı bal veya akçaağaç şurubu

TALİMATLAR:

a) Badem sütünü ve vişne suyunu küçük bir tencerede orta ateşte ısıtın.
b) Ateşten alın ve bal ile çırpın.
c) Sıcak iç.

10.Vişne Salatası

İÇİNDEKİLER:

- 1 bardak kiraz, çekirdeği çıkarılmış ve yarıya bölünmüş
- 2 yemek kaşığı kırmızı şarap sirkesi
- 1 yemek kaşığı ahududu sirkesi (veya balzamik sır)
- 3 yemek kaşığı sızma zeytinyağı

TALİMATLAR:

a) Kirazlarınızı yıkayarak, çekirdeklerini çıkararak ve ikiye bölerek başlayın.

b) Tüm pansuman malzemelerini küçük bir mutfak robotuna veya kompakt, yüksek hızlı bir karıştırıcıya yerleştirin. Karışım pürüzsüz hale gelinceye kadar karıştırın.

c) Sosu tadın ve baharatları kişisel tercihlerinize göre ayarlayın.

ç) Pansuman çok kalın görünüyorsa istediğiniz kıvamı elde etmek için 1-2 yemek kaşığı su ekleyebilirsiniz.

d) Vişne Salatasını hava geçirmez bir kapta buzdolabında saklayın. 3-4 gün saklanabilir.

11.Kiraz Ezmesi

İÇİNDEKİLER:
- 5 kilo kiraz, çekirdekleri çıkarılmış
- 1-2 su bardağı toz şeker

TALİMATLAR:
a) Bir el çukuru kullanarak veya yukarıda açıklanan kaynatma yöntemini kullanarak kirazların çekirdeklerini çıkararak başlayın.
b) Kirazların çekirdekleri çıkarıldıktan sonra pürüzsüz hale gelene kadar püre haline getirin.
c) Püreyi yavaş bir tencereye aktarın ve 8 ila 16 saat kadar düşük ateşte veya kiraz püresi yarı yarıya azalıp oldukça kalın hale gelinceye kadar pişirin.
ç) Karışımı çok pürüzsüz hale gelinceye kadar tekrar püre haline getirmek için bir daldırma karıştırıcısı kullanın. Damak tadınıza göre şekeri ekleyip tamamen dağılıp eriyene kadar karıştırın.
d) Bitmiş kiraz tereyağını yarım litrelik kavanozlara dökün, üstte ½ inçlik bir boşluk olduğundan emin olun.
e) Kavanozun kenarlarını silerek temizleyin, kapakları ve halkaları uygulayın ve kavanozları kaynar su banyosundaki konserve kutusunda 15 dakika işleyin.
f) İşlem süresinden sonra kavanozları dikkatlice çıkarın ve soğumaları için katlanmış bir mutfak havlusunun üzerine koyun. Kavanozları rahatça tutabileceğiniz kadar soğuduktan sonra contalarını kontrol edin.
g) Kapalı kavanozlar oda sıcaklığında bir yıla kadar saklanabilir. Ağzı açık kavanozlar buzdolabında saklanmalı ve hemen kullanılmalıdır.

12.Haşlanmış Kiraz

İÇİNDEKİLER:

- 24 adet çekirdeği çıkarılmış kiraz
- 250 ml kırmızı şarap
- 2 yemek kaşığı esmer şeker
- 1 tarçın çubuğu
- 1 çay kaşığı karabiber
- 1 vanilya çubuğunun tohumları

TALİMATLAR:

a) Kırmızı şarabı ve esmer şekeri bir tencerede yavaşça ısıtarak başlayın, şeker tamamen eriyene kadar karıştırın.

b) Tarçın çubuğunu ve karabiberleri tülbentin içine sarın, sıkıca bağlayın ve şarapla birlikte tencereye ekleyin.

c) Kirazları ve vanilya tohumlarını tavaya ekleyin, iyice karıştığından emin olun ve kaynatın.

ç) Kirazlar yumuşayana kadar birkaç dakika pişirmeye devam edin.

d) Daha sonra kirazları delikli bir kaşık kullanarak tavadan dikkatlice çıkarın ve bir kaseye aktarın.

e) Şarap karışımını şurup kıvamına gelinceye kadar kaynatmaya devam edin.

f) Kirazları tekrar tavaya koyun, ocaktan alın ve iyice karıştırarak meyvelerin şurupla karışmasını sağlayın.

13.Kavrulmuş Kiraz

İÇİNDEKİLER:

- 4 su bardağı çekirdeği çıkarılmış kiraz
- 1 yemek kaşığı zeytinyağı
- ¼ çay kaşığı ince deniz tuzu
- ¼ çay kaşığı karabiber
- 3 yemek kaşığı taze maydanoz, kıyılmış

TALİMATLAR:

a) Fırınınızı önceden 450 dereceye ısıtın ve bir fırın tepsisini parşömen kağıdıyla kaplayın.

b) Kirazların çekirdeklerini çıkarmak için kiraz çekirdeğini kullanın.

c) Bir kasede kirazları zeytinyağı, deniz tuzu ve karabiberle iyice kaplanana kadar karıştırın. Hazırlanan kirazları pişirme kağıdı serili fırın tepsisine yayın.

ç) Kirazları önceden ısıtılmış fırında 15 dakika kızartın.

d) İşlem tamamlandıktan sonra kirazları fırından çıkarın ve üzerine kıyılmış taze maydanoz serpin. İşlenecek kadar soğuduklarında kirazları yavaşça atın.

e) Kavrulmuş vişneleri sıcak olarak garnitür olarak yiyebileceğiniz gibi buzdolabında beş güne kadar saklayarak salatalarda veya lezzetli bir atıştırmalık olarak da kullanabilirsiniz.

KAHVALTI VE BRUNCH

14.Kirazlı Muzlu Ekmek

İÇİNDEKİLER:
MUZLU EKMEK İÇİN:
- 3 olgun muz, püresi
- ½ bardak tuzsuz tereyağı, eritilmiş
- 1 su bardağı toz şeker
- 2 büyük yumurta
- 1 çay kaşığı vanilya özü
- 1 ½ su bardağı çok amaçlı un
- ¼ bardak kakao tozu
- 1 çay kaşığı karbonat
- ½ çay kaşığı tuz
- ½ su bardağı yarı tatlı çikolata parçacıkları

ÜSTÜ İÇİN:
- 1 bardak taze kiraz, çekirdeği çıkarılmış ve yarıya bölünmüş
- ¼ su bardağı toz şeker
- ¼ bardak su
- 1 yemek kaşığı mısır nişastası
- Krem şanti (servis için, isteğe bağlı)

TALİMATLAR:
a) Fırınınızı önceden 350°F (175°C) ısıtın. 9x5 inçlik bir somun tepsisini yağlayın ve unlayın.

b) Bir karıştırma kabında olgun muzları çatal yardımıyla pürüzsüz hale gelinceye kadar ezin.

c) Ayrı bir büyük kapta eritilmiş tereyağını ve toz şekeri iyice birleşene kadar çırpın.

ç) Yumurtaları ve vanilya özütünü tereyağı-şeker karışımına ekleyin ve pürüzsüz hale gelinceye kadar çırpın.

d) Başka bir kapta çok amaçlı un, kakao tozu, kabartma tozu ve tuzu birlikte eleyin.

e) Kuru malzemeleri yavaş yavaş ıslak malzemelere ekleyin, birleşene kadar karıştırın. Aşırı karıştırmayın.

f) Yarı tatlı çikolata parçacıklarını yavaşça katlayın.

g) Muzlu ekmek hamurunu hazırlanan somun tavasına dökün.

ğ) Önceden ısıtılmış fırında 60-70 dakika veya ortasına batırdığınız kürdan temiz çıkana kadar pişirin.

h) Muzlu ekmek pişerken üzerini hazırlayın. Bir tencerede çekirdeği çıkarılmış ve ikiye bölünmüş kirazları, toz şekeri ve suyu birleştirin. Orta ateşte kaynamaya getirin.

ı) Küçük bir kapta mısır nişastasını bir çorba kaşığı suyla karıştırarak bir bulamaç oluşturun. Bu bulamacı kaynayan kiraz karışımına ekleyin ve sos koyulaşana kadar karıştırın. Isıdan çıkarın ve soğumaya bırakın.

i) Muzlu ekmek piştikten sonra fırından çıkarın ve tavada yaklaşık 10 dakika soğumaya bırakın, ardından tamamen soğuması için tel rafa aktarın.

j) Muzlu ekmek soğuduktan sonra, somunun üzerine kiraz sosunu kaşıkla dökün.

k) İsteğe bağlı olarak Muzlu Ekmek dilimlerini bir parça çırpılmış kremayla birlikte servis edin.

15.Kiraz ve Antep Fıstığı Yulaf ezmesi

İÇİNDEKİLER:

- 2 su bardağı eski moda yulaf
- 2 ¼ bardak su
- 2 ¼ su bardağı süt
- ½ çay kaşığı tuz
- ¼ çay kaşığı hindistan cevizi
- 1 yemek kaşığı bal
- 1 yemek kaşığı kurutulmuş kızılcık
- 1 yemek kaşığı kurutulmuş kiraz
- 1 yemek kaşığı kavrulmuş fıstık

TALİMATLAR:

a) Kızılcık, kiraz ve antep fıstığı hariç tüm malzemeleri Instant Pot'a ekleyin.

b) Tencerenin kapağını sabitleyin ve "Manuel" fonksiyon tuşuna basın.

c) Süreyi 6 dakikaya ayarlayıp yüksek basınçta pişirin.

ç) Bip sesinden sonra doğal olarak basıncı bırakın ve kapağı çıkarın.

d) Hazırlanan yulaf ezmesini karıştırın ve bir kasede servis yapın.

e) Üstüne kızılcık, kiraz ve antep fıstığı ile süsleyin.

16.Kiraz Dolması İngiliz Çöreği

İÇİNDEKİLER:

- 2 büyük yumurta
- ½ bardak şekersiz vanilyalı badem sütü
- 2 yemek kaşığı akçaağaç şurubu
- ¼ çay kaşığı vanilya özü
- 1 çay kaşığı öğütülmüş tarçın
- ½ limon suyu
- 2 tam buğdaylı İngiliz çöreği, 1 inçlik küpler halinde kesilmiş
- ¼ bardak macadamia fıstığı
- ½ su bardağı çekirdeği çıkarılmış taze kiraz
- Akçaağaç şurubu (isteğe bağlı)

TALİMATLAR:

a) Fırınınızı 375 derece F'ye (190 derece C) önceden ısıtın.

b) İki ramekini yapışmaz pişirme spreyi ile yağlayın ve bir kenara koyun.

c) Bir kasede yumurtaları, badem sütünü, akçaağaç şurubunu, vanilya özütünü, tarçını ve limon suyunu çırpın.

ç) Başka bir kapta İngiliz çöreği küplerini, macadamia fıstıklarını ve taze kirazları bir araya getirin. Bu karışımı hazırlanan iki ramekin arasında eşit olarak bölün.

d) Yumurta karışımını İngiliz çöreği ve kiraz karışımının üzerine ramekinlere dökün.

e) Ramekinleri önceden ısıtılmış fırına yerleştirin ve yaklaşık 22 ila 25 dakika veya kenarları gevrekleşene ve Fransız usulü tost kapları yerleşene kadar pişirin.

17.Amaretto Vişneli Çörekler

İÇİNDEKİLER:

- 2 fincan çok amaçlı un
- ½ bardak) şeker
- 2 çay kaşığı kabartma tozu
- ½ çay kaşığı tuz
- ½ bardak tuzsuz tereyağı, soğutulmuş ve küp şeklinde
- ½ su bardağı kurutulmuş kiraz, doğranmış
- ¼ bardak dilimlenmiş badem
- ¼ bardak amaretto
- ½ bardak ağır krema
- 1 yumurta, dövülmüş

TALİMATLAR:

a) Fırını önceden 375°F'ye ısıtın.

b) Büyük bir kapta un, şeker, kabartma tozu ve tuzu birlikte çırpın.

c) Bir pasta kesici veya parmaklarınızı kullanarak, karışım iri kırıntılara benzeyene kadar tereyağını kuru malzemelere bölün.

ç) Kurutulmuş kirazları ve dilimlenmiş bademleri karıştırın.

d) Ayrı bir kapta amaretto, krema ve yumurtayı birlikte çırpın.

e) Islak malzemeleri kuru malzemelerin üzerine dökün ve karışım bir araya gelinceye kadar karıştırın.

f) Hamuru unlanmış bir yüzeye açın ve yapışkan bir top oluşana kadar yavaşça yoğurun.

g) Hamuru yaklaşık 1 inç kalınlığında bir daireye yerleştirin.

ğ) Daireyi 8 parçaya bölün.

h) Takozları parşömen kağıdıyla kaplı bir fırın tepsisine yerleştirin.

ı) Çöreklerin üst kısımlarını biraz ekstra kremayla fırçalayın.

i) Altın kahverengi olana ve tamamen pişene kadar 20-25 dakika pişirin.

j) Üzerine biraz amaretto sır (pudra şekeri ve amarettodan yapılmış) serperek sıcak olarak servis yapın.

18.Lavanta Kiraz Gecelik Yulaf

İÇİNDEKİLER:

- 1 su bardağı kaju
- 2 ½ su bardağı su
- ½ çay kaşığı kurutulmuş mutfak lavantası
- 1 yemek kaşığı şeker
- 1 çay kaşığı taze limon suyu
- 1 çay kaşığı saf vanilya özü
- 1 su bardağı yulaf ezmesi
- 1 bardak taze kiraz, çekirdeği çıkarılmış ve yarıya bölünmüş
- 2 yemek kaşığı dilimlenmiş badem

TALİMATLAR:

a) Kaju fıstıklarını ve suyu yüksek güçlü bir karıştırıcıya yerleştirin ve kremsi ve pürüzsüz hale gelinceye kadar püre haline getirin. Blenderinizin gücüne göre bu süre 5 dakika kadar sürebilir.

b) Lavanta, şeker, limon suyu, vanilya özü ve küçük bir tutam tuz ekleyin. Birleştirmek için nabız atın, ardından gözenekli bir süzgeç veya fındık sütü torbası kullanarak süzün.

c) Kaju-lavanta sütünü bir kaseye koyun ve yulafı ekleyip karıştırın. Üzerini kapatıp buzdolabına koyun ve 4-6 saat ya da gece boyunca bekletin.

ç) Servis yapmak için yulafı iki kaseye kaşıklayın ve kiraz ve bademleri ekleyin. Eğlence!

19.Kiraz Dolgulu Kraker Kruvasan

İÇİNDEKİLER:

- 2 taze kraker kruvasan
- 6 yemek kaşığı lor peyniri veya krem peynir
- 3 yemek kaşığı akçaağaç şurubu veya bal
- 1 çay kaşığı limon suyu
- ½ çay kaşığı vanilya özü
- 1 su bardağı taze çilek
- ½ bardak taze kiraz

TALİMATLAR:

a) Çilekleri yıkayıp yeşil kısımlarını çıkarın. Onları dilimler halinde kesin. Kirazları yıkayın, ikiye bölün ve çekirdeklerini çıkarın. Çilekleri ve kirazları bir kasede 1 yemek kaşığı akçaağaç şurubu ve limon suyuyla karıştırın.

b) Ayrı bir kapta lor peynirini 1 yemek kaşığı akçaağaç şurubu ve vanilya özüyle karıştırın. Daha kremamsı bir kıvam için istenirse karışıma 1-2 yemek kaşığı su ilave edilebilir.

c) Kraker kruvasanlarını yatay olarak ikiye bölün. Her kruvasanın alt yarısına 3 yemek kaşığı vanilyalı quark karışımını yayın.

ç) Quark karışımını karışık meyvelerle doldurun ve bunları kruvasan yarımlarına eşit şekilde dağıtın.

d) Meyveleri kruvasanın üst kısmıyla kaplayın ve lezzetli dolgulu çubuk kraker kruvasan yaratın.

e) İsterseniz ekstra tatlılık için kruvasanın üst yarısına biraz akçaağaç şurubu veya bal gezdirin.

f) Yazın lezzetlerini sabah rutininize taşıyan enfes bir kahvaltı için hemen servis yapın ve bu enfes Çilek ve Vişne Dolgulu Pretzel Kruvasanın tadını çıkarın.

20.Vişneli Sıcak Çikolata

İÇİNDEKİLER:

SICAK ÇİKOLATA:

- 1 bardak tam yağlı süt
- 2 yemek kaşığı toz şeker
- 1 ½ yemek kaşığı şekersiz kakao tozu
- 1 yemek kaşığı Amarena vişne suyu
- ½ çay kaşığı saf vanilya özü
- 1/16 çay kaşığı deniz tuzu
- 1 ½ ons %72 bitter çikolata doğranmış

TOPLAMALAR:

- Yumuşak zirvelere kadar çırpılmış 4 yemek kaşığı ağır krem şanti
- 2 Amarena kirazı
- 2 çay kaşığı bitter çikolata bukleleri

TALİMATLAR:

a) Orta ateşte küçük bir tencereye süt, şeker, kakao tozu, vişne suyu, vanilya ve tuzu ekleyin ve birleştirmek için çırpın.

b) Kaynamaya başladıktan sonra doğranmış çikolatayı ekleyip çırpın.

c) Kaynamaya bırakın ve sürekli karıştırarak, yaklaşık 1 dakika, hafifçe koyulaşana kadar pişirin.

ç) 2 bardağa dökün ve her birinin üzerine çırpılmış kremanın yarısını, 1 vişneyi ve 1 çay kaşığı çikolatayı ekleyin.

d) Derhal servis yapın.

21.Kirazlı Fransız Tostu

İÇİNDEKİLER:

- 2 dilim challah ekmeği, kalın dilimlenmiş
- 2 yumurta
- 3 yemek kaşığı yarım buçuk veya süt
- 6 yemek kaşığı şeker
- 3 yemek kaşığı Hershey kakao, şekersiz
- 1 çay kaşığı vanilya
- 1 çay kaşığı tarçın, öğütülmüş
- 1 tutam tuz
- 3 yemek kaşığı krem peynir veya krem şanti

FRANSIZ TOSTU İÇİN ÜSTÜ

- 1 şişe Hershey'nin özel bitter çikolata şurubu
- 1 kavanoz vişne konservesi veya vişne reçeli
- 1 kavanoz griottines (kirsch'te kiraz)
- 1 kutu krem şanti
- ¼ c yarı tatlı çikolata parçaları

TALİMATLAR:

a) Tostun içine batırılacağı karışımı hazırlamak için oldukça büyük boy bir kase alın.

b) Yumurtalarınızı ekleyip çırpın. Daha sonra yarım buçuk, vanilya, tarçın, stevia ve Hershey kakaosunu ekleyin.

c) Bunların hepsini birlikte çırpın. Çikolatanın dahil edilmesi biraz çırpma gerektirecektir ancak birkaç dakika sonra olacaktır.

ç) Fırını 350'ye önceden ısıtın veya bir ekmek kızartma makinesi fırını kullanın.

d) Bir tavada yağı veya tereyağını ısıtın.

e) Şimdi bir dilim ekmek alın ve iyice doyuracak şekilde karışıma batırın, çevirin ve diğer tarafını da alın. Diğer dilim için aynı işlemi tekrarlayın.

f) Fazlasını silkeleyin ve pişirmek için tavaya koyun. Her iki tarafı da güzel ve çıtır kahverengi olana kadar pişirin.

g) Bir dilim kızarmış ekmeği bir tabağa koyun ve cömertçe biraz krem peynir ekleyin ve üzerine biraz çikolata parçacıkları ekleyin.

ğ) Üzerine diğer tost diliminizi ekleyin. Şimdi, 2 dilim kızarmış ekmeğinizi bir fırın tepsisine yerleştirin ve cipsler eriyene kadar yaklaşık 5 dakika boyunca fırına/veya ekmek kızartma makinesi fırınına koyun. Çıkarın ve plakalayın.

h) Birkaç kaşık dolusu tatlı sıvıyla birlikte tost ekmeğinin üzerine vişnelerin bir kısmını ekleyin. Üzerine çırpılmış kremanızı ekleyin, üzerine 3 veya 4 Griottines ve bir çorba kaşığı veya daha fazla kirsch ekleyin ve Hershey çikolata şurubunuzu Fransız usulü kızarmış ekmek üzerine gezdirin.

ı) Birkaç çikolata parçası daha ekleyin... Artık şimdiye kadar yaşadığınız en leziz Fransız Tostunu yemeye hazırsınız. Her lokmanın tadını çıkarın!

22.Kirazlı bademli krep

İÇİNDEKİLER:

- 1½ su bardağı badem unu
- 1 çay kaşığı kabartma tozu
- 1 çay kaşığı karbonat
- ¼ çay kaşığı tuz
- 2 büyük yumurta, dövülmüş
- 1 yemek kaşığı akçaağaç şurubu
- 1 çay kaşığı vanilya özü
- ½ bardak konserve tam yağlı hindistan cevizi sütü
- ½ su bardağı ince doğranmış tatlı kiraz
- ¼ bardak dilimlenmiş badem

TALİMATLAR:

a) Unu, kabartma tozunu, kabartma tozunu ve tuzu bir kaseye ekleyin ve iyice birleştirmek için çırpın.

b) Ayrı bir kapta yumurtaları, akçaağaç şurubunu, vanilyayı ve hindistancevizi sütünü birlikte çırpın.

c) Islak malzemeleri kuru malzemelere ekleyin ve iyice birleştirmek için çırpın.

ç) Şimdi kirazları ve bademleri çırpın ve her şey iyice karışana kadar karıştırın.

d) Hamuru 5 ila 10 dakika dinlendirin. Bu, tüm bileşenlerin bir araya gelmesini sağlar ve hamurun daha iyi bir kıvama sahip olmasını sağlar.

e) Yapışmaz bir tavaya veya ızgaraya bolca bitkisel yağ püskürtün ve orta-yüksek ateşte ısıtın.

f) Tava ısındığında, ¼ fincanlık ölçüm kabı kullanarak hamuru ekleyin ve krep yapmak için hamuru tavaya dökün. Gözlemeyi şekillendirmeye yardımcı olması için ölçüm kabını kullanın.

g) Kenarlar sabit görünene ve ortada kabarcıklar oluşana kadar pişirin (yaklaşık 2 ila 3 dakika), ardından krepi çevirin.

ğ) Krepin o tarafı da piştikten sonra pancake'i ocaktan alıp bir tabağa koyun.

h) Bu adımlara hamurun geri kalanıyla devam edin.

23.Brendi Kirazlı Waffle

İÇİNDEKİLER:

- 2 fincan çok amaçlı un
- 2 yemek kaşığı toz şeker
- 1 yemek kaşığı kabartma tozu
- ½ çay kaşığı tuz
- 2 büyük yumurta
- 1¾ su bardağı süt
- ¼ bardak tuzsuz tereyağı, eritilmiş
- 2 yemek kaşığı brendi
- ½ su bardağı doğranmış kiraz (taze veya dondurulmuş)

TALİMATLAR:

a) Bir karıştırma kabında un, şeker, kabartma tozu ve tuzu birlikte çırpın.

b) Ayrı bir kapta yumurtaları çırpın. Sütü, eritilmiş tereyağını, brendiyi ve doğranmış kirazları ekleyin. İyice birleşene kadar çırpın.

c) Islak malzemeleri kuru malzemelerin içine dökün ve birleşene kadar karıştırın.

ç) Waffle demirinizi önceden ısıtın ve hafifçe yağlayın.

d) Hamuru önceden ısıtılmış waffle demirine dökün ve üreticinin talimatlarına göre pişirin.

e) Brendili kirazlı waffle'ları üzerine pudra şekeri ve bir parça çırpılmış krema ile servis edin.

24.Doğum Günü Kirazlı Cevizli Ekmek

İÇİNDEKİLER:
- 2 fincan çok amaçlı un
- 1 çay kaşığı kabartma tozu
- ½ çay kaşığı karbonat
- ¼ çay kaşığı tuz
- ½ bardak tuzsuz tereyağı, yumuşatılmış
- 1 su bardağı toz şeker
- 2 büyük yumurta
- 1 çay kaşığı vanilya özü
- ½ bardak ayran
- 1 bardak taze veya dondurulmuş kiraz, çekirdeği çıkarılmış ve yarıya bölünmüş
- ½ su bardağı kıyılmış ceviz

OPSİYONEL SIR:
- 1 su bardağı pudra şekeri
- 1-2 yemek kaşığı süt
- ½ çay kaşığı vanilya özü

TALİMATLAR:
a) Fırınınızı önceden 180°C'ye (350°F) ısıtın ve 9x5 inçlik somun tepsisini yağlayın.

b) Orta boy bir kapta un, kabartma tozu, kabartma tozu ve tuzu birlikte çırpın. Bir kenara koyun.

c) Büyük bir karıştırma kabında yumuşatılmış tereyağını ve toz şekeri hafif ve kabarık olana kadar krema haline getirin.

ç) Yumurtaları teker teker ekleyin ve her eklemeden sonra iyice çırpın. Vanilya ekstraktını karıştırın.

d) Kuru malzemeleri yavaş yavaş ayranla dönüşümlü olarak tereyağ karışımına ekleyin. Kuru malzemelerle başlayın ve bitirin, birleşene kadar karıştırın.

e) Kirazları ve kıyılmış cevizleri hamurun her yerine eşit şekilde dağılıncaya kadar yavaşça katlayın.

f) Hazırladığınız kek kalıbına hamuru dökün ve üzerini spatulayla düzeltin.

g) Önceden ısıtılmış fırında yaklaşık 50-60 dakika veya ortasına batırdığınız kürdan temiz çıkana kadar pişirin.

ğ) Ekmeği fırından çıkarın ve tavada yaklaşık 10 dakika soğumaya bırakın. Daha sonra tamamen soğuması için tel rafa aktarın.

OPSİYONEL SIR:

h) Küçük bir kapta pudra şekeri, süt ve vanilya özünü pürüzsüz ve kremsi bir kıvama gelinceye kadar çırpın. Gerekirse daha fazla süt ekleyerek kıvamını ayarlayın.

ı) Ekmek soğuduktan sonra sırın üst kısmına dökün ve yanlardan aşağı akmasını sağlayın.

25.Vişne Reçelli Çörek

İÇİNDEKİLER:

Çörek HAMURU İÇİN

- 250 gr güçlü beyaz ekmek unu
- 50 gr pudra şekeri artı toz almak için 100 gr
- 5 gr kurutulmuş maya
- 2 yumurta
- 60 gr tuzlu tereyağı, eritilmiş
- 2 litre ayçiçek yağı

DOLGU İÇİN

- 200 gr kiraz reçeli
- 100 ml çift krema, çırpılmış

BUZLANMA İÇİN

- 100 gr pudra şekeri, elenmiş
- 2 yemek kaşığı kakao tozu, elenmiş
- 50 gr sade çikolata
- taze kiraz (isteğe bağlı)

TALİMATLAR:

a) Unu, şekeri, mayayı, yumurtaları ve 125 ml ılık suyu hamur kancası veya küreği olan bir karıştırıcıya koyun ve hamur çok yumuşak olana kadar 5 dakika karıştırın. Mikseriniz yoksa geniş bir kap alıp elinizle yoğurabilirsiniz (bu işlem 10 dakika kadar sürebilir).

b) Tereyağını eritirken hamuru mikser veya kasede bir iki dakika dinlendirin, ardından mikseri tekrar çalıştırın ve eritilmiş tereyağını ince bir akış halinde yavaşça ekleyin. Hamur parlak, pürüzsüz ve elastik hale gelip kasenin kenarlarından ayrılana kadar 5 dakika daha iyice karıştırın. Yine bu işlem, tereyağını hamurun içine yoğurarak elle yapılabilir.

c) Kaseyi streç filmle örtün ve ılık bir yerde yaklaşık 30 dakika, hacmi yaklaşık iki katına çıkana kadar mayalanmaya bırakın. Mayalandıktan sonra hamuru kaseden çıkarın, hafifçe unlanmış bir yüzeye koyun ve 2 dakika yoğurun. Hamuru tekrar kaseye alıp üzerini streç filmle örtün ve bir gece buzdolabında bekletin.

ç) Ertesi gün hamuru buzdolabından çıkarıp 10 eşit parçaya bölün, her birini biraz yoğurup yuvarlak şekil verin. Hafifçe unlanmış bir fırın tepsisine yerleştirin, aralıklarla yerleştirin, ardından tekrar hafifçe yağlanmış streç filmle örtün ve ılık bir yerde yaklaşık iki katına çıkana kadar 1-2 saat kabarmaya bırakın.

d) Yağı büyük bir tencereye yarıya kadar dökün, ardından bir termometre kullanarak 170°C'ye ısıtın veya küçük bir parça ekmek 30 saniye içinde soluk altın rengine döndüğünde.

e) 100 gr pudra şekerini toz almaya hazır bir kaseye koyun, ardından Donutları delikli bir kaşık kullanarak 2-3'erli gruplar halinde sıcak yağın içine dikkatlice yerleştirin ve her iki tarafı da 2'şer dakika altın rengi oluncaya kadar kızartın. Delikli bir kaşık kullanarak çıkarın ve doğrudan şeker kasesine koyun, üzerini kaplayacak şekilde fırlatın ve ardından bir soğutma rafına yerleştirin.

f) Donutlar soğurken, bir sıkma torbasına vişne reçelini, diğerine krem şantiyi koyun ve her torbanın ucundan 1 cm'lik bir delik açın.

g) Soğutulmuş bir Donut alın ve bir tarafında keskin bir bıçakla Donut'unuzun ortasına kadar küçük bir kesi yapın. Şimdi bir çay kaşığı alın ve kaşığın fincanı merkeze ulaşana kadar deliğe sokun, ardından çay kaşığını 360 derece döndürün ve hamurun merkezini dışarı çekin; atın.

ğ) Sıkma poşetini reçelle doldurun ve ortasına 1 yemek kaşığı kadar reçel sıkın, ardından aynı işlemi kremayla yapın, Donutların dolgun ve dolgun olmasını sağlayın. Bunları tekrar soğutma rafına yerleştirin.

h) Krema malzemelerini 2-3 yemek kaşığı su ile küçük bir kaseye koyun ve krema kalın ve parlak hale gelinceye ve bir çay kaşığının arkasını kaplayana kadar iyice karıştırın. Her Donut'u 1 çorba kaşığı kremayla sıkı bir zikzak deseninde gezdirin.

ı) Daha sonra, bir patates soyucu kullanarak, çubuğun yan tarafındaki sade çikolatayı ince talaşları bir tabağa tıraş edin. Bir çay kaşığı kullanarak talaşları Donutların üzerine serpin.

i) Taze kirazlarla servis yapın.

26.Kirazlı bisküvi

İÇİNDEKİLER:

- 2 fincan çok amaçlı un
- 1 su bardağı Şeker
- ½ çay kaşığı Kabartma tozu
- ½ çay kaşığı Tuz
- ¼ bardak Tereyağı; küçük parçalar halinde kesin
- 1 su bardağı Bütün badem; kaba pirzola
- 1 su bardağı bütün şekerlenmiş kiraz
- 2 büyük Yumurta; hafifçe dövülmüş
- ½ çay kaşığı Vanilya
- 1 yemek kaşığı Süt (isteğe bağlı)

TALİMATLAR:

a) Fırını 350 dereceye kadar önceden ısıtın. Büyük bir fırın tepsisini yağlayın.

b) Un, şeker, kabartma tozu ve tuzu bir kapta birleştirin. Kaba kırıntılar oluşana kadar tereyağını bir hamur karıştırıcısıyla kesin. Badem ve kirazları karıştırın. Yumurtaları ve vanilyayı iyice karışıncaya kadar karıştırın. Karışım kuru ise süt ekleyin.

c) Karışımı ikiye bölün.

ç) Hafifçe unlanmış bir yüzeyde, unlu ellerle hamuru birbirine bastırın ve iki adet 10 inçlik kütük haline getirin. 2-½ inç genişliğe kadar düzleştirin. Günlükleri hazırlanan fırın tepsisine yerleştirin.

d) 350 derecelik fırında 30 ila 35 dakika pişirin. İki spatula kullanarak kütükleri 20 dakika soğuması için rafa aktarın.

e) Tırtıklı bir bıçakla her kütüğü çapraz olarak ¾ inç kalınlığında dilimler halinde kesin.

f) Fırın tepsisine dönün. 15 dakika veya kurabiyeler gevrek ve dokunulabilecek kadar sertleşene kadar pişirin. Soğutmak için bir tel rafa aktarın.

g) Hava geçirmez bir kapta 2 haftaya kadar saklayın.

27.Brendi Kirazlı Toblerone Krep

İÇİNDEKİLER:

- 250g Philadelphia sürülebilir krem peynir
- 100g Toblerone sütlü çikolata, eritilmiş ve soğutulmuş
- 1 paket dondurulmuş krep, çözülmüş
- 425g şuruplu çekirdeksiz kiraz konservesi
- 3 çay kaşığı mısır unu
- 2 yemek kaşığı brendi veya kirsch
- İstenirse vanilyalı dondurma

TALİMATLAR:

a) Philly ve çikolatayı pürüzsüz ve kabarık olana kadar birlikte çırpın. Krepleri bir tabağa koyun, üzerini streç filmle örtün

b) Krepler iyice ısınana kadar mikrodalgayı Yüksek ayarda 30-60 saniye ısıtın. Her bir krepi ikiye katlayın, her bir yarıya çikolatalı kremayı sürün ve krepler dörde bölünecek şekilde tekrar katlayın.

c) Bir miktar vişne şurubunu mısır unuyla birleştirerek macun haline getirin ve brendi ile birlikte vişnelere ekleyin. Şurup koyulaşana kadar bir tencerede pişirin. Soğutmaya izin ver

ç) Her servis tabağına 2 adet krep koyun ve üzerine vişne sosunu gezdirin. İstenirse hemen dondurma ile servis yapın.

28.Kirazlı krep

İÇİNDEKİLER:

- Çikolatalı krep
- Kirsch veya şeri (isteğe bağlı)
- 19 ons Kirazlı turta dolgusu
- ¼ su bardağı toz şeker
- ⅛ çay kaşığı küçük hindistan cevizi
- Krem şanti

TALİMATLAR:

a) Kreplere kirsch veya şeri serpin.

b) Vişneli pasta dolgusunu, şekeri ve hindistan cevizini birlikte karıştırın.

c) Krepin bir tarafına yakın olacak şekilde yaklaşık 2 yemek kaşığı kaşıklayın. Rulo.

ç) Porsiyon başına 2 taneye izin verin. Kenarı aşağı bakacak şekilde bir tabağa koyun.

d) Üstüne çırpılmış krema ekleyin.

29.Kiraz Kahvesi

İÇİNDEKİLER:

- 6 ons Taze demlenmiş kahve
- 2 Yemek kaşığı Çikolata şurubu
- 1 yemek kaşığı Maraschino vişne suyu
- Krem şanti
- Traşlanmış çikolata
- Maraschino kirazı

TALİMATLAR:

- Kahve, çikolata şurubu ve vişne suyunu bir fincanda birleştirin. İyice karıştırın.
- Üzerine çırpılmış kremalı çikolata talaşı ve kiraz veya 2 ekleyin.

30.Vişneli Çikolatalı Çörek

İÇİNDEKİLER:
HAMUR:
- 1 ½ yemek kaşığı aktif kuru maya
- 1 ¾ bardak tam yağlı hindistan cevizi sütü ılık ama sıcak değil
- ¾ çay kaşığı tuz
- Tavayı yağlamak için 2 ½ yemek kaşığı sıvı yağ ve daha fazlası
- ⅔ su bardağı şeker
- 4 ¼ su bardağı un artı çalışma yüzeyi için daha fazlası

DOLGU:
- 2 yemek kaşığı hindistancevizi yağı
- 2 ½ su bardağı çekirdekleri çıkarılmış ve ikiye bölünmüş taze kiraz
- ½ bardak) şeker
- 1 çay kaşığı vanilya özü
- isteğe göre bir tutam tarçın
- ¼ çay kaşığı tuz
- 1 su bardağı süt içermeyen yarı tatlı çikolata parçacıkları

BUZ ÖRTÜSÜ:
- 2 su bardağı pudra şekeri
- ⅓ bardak hindistan cevizi kreması
- ¼ fincan kakao tozu
- 1 çay kaşığı vanilya özü
- bir tutam tuz

TALİMATLAR:
a) Stand mikserinin (veya büyük bir kasenin) kasesinde, mayayı sütte eritin ve köpürene kadar yaklaşık 5 dakika bekletin. Birleştirilene kadar şekeri, yağı ve tuzu karıştırın.

b) Hamurunuz bir araya gelip kasenin kenarlarından çekilmeye başlayana kadar her seferinde bir bardak un ekleyin.

c) Kaseyi nemli bir havlu veya plastik ambalajla örtün ve boyutu iki katına çıkana kadar ılık bir yere koyun.

ç) Bu arada dolmanızı yapın. Kirazları, tereyağını, tuzu ve şekeri orta-düşük ateşte orta boy bir tencerede birleştirin.

d) Karışımı hafifçe karıştırarak hafif bir kaynama noktasına getirin ve sos bir kaşığın arkasını kaplayacak kadar koyulaşana kadar 10-12 dakika pişirin.

e) Ocaktan alıp vanilya ve tarçını ekleyip bir kenara koyun. 13x9 inçlik bir cam tavayı yağlayın ve kirazların sosundan birkaç kaşık dolusu tavaya (tavalara) dökün.

f) Hamuru ikiye bölün ve yarısını hafifçe unlanmış bir yüzeyde yaklaşık ¼ inç kalınlığında bir dikdörtgen şeklinde açın. Üzerine vişne dolgusunun ½'sini eşit bir tabaka halinde yayın ve ½ bardak çikolata parçacıkları serpin.

g) Kısa uçtan başlayarak bir çeşit kütük elde edene kadar yuvarlayın.

ğ) Daha sonra keskin bir bıçak kullanarak 6'ya (veya yuvarlak tava kullanıyorsanız 7 spirale) kesin ve hazırlanan tavaya yerleştirin (spiral yukarı bakacak şekilde). 12 rulo elde edene kadar hamurun diğer yarısıyla tekrarlayın. Tavaların üzerini örtün ve fırın ısınırken yükselmelerine izin verin.

h) Fırını 350 derece F'ye (175 C) önceden ısıtın. Kenarları kahverengileşene kadar 30-40 dakika pişirin. Tavayı/tavaları fırından çıkarın ve servis yapmadan önce yaklaşık 5 dakika soğumalarını bekleyin.

ı) Krema için, malzemeleri orta boy bir kapta kalın ve pürüzsüz hale gelinceye kadar çırpın. Sıcak çöreklerin üzerine servis yapın.

ATIŞTIRMALIKLAR

31.Kiraz Dolgulu Çikolatalı Trüf

İÇİNDEKİLER:

- 8 ons bitter çikolata, doğranmış
- ½ bardak ağır krema
- 12 kiraz likörü vişnesi, suyu süzülmüş ve kurutuldu
- Toz almak için kakao tozu

TALİMATLAR:

a) Ağır kremayı sıcak olana kadar ısıtın ancak kaynatmayın.

b) Kıyılmış çikolatayı üzerine dökün ve pürüzsüz hale gelinceye kadar karıştırın.

c) Her yer mantarının içine bir kiraz likörü kirazı yerleştirin.

ç) Toplar haline getirin, kakao tozuna bulayın ve katılaşana kadar buzdolabında saklayın.

32.Kiraz Barları

İÇİNDEKİLER:

- 3 adet 21 onsluk kutu vişneli turta dolgusu, bölünmüş
- 18-½ ons adet. çikolatalı kek karışımı
- ¼ c. yağ
- 3 yumurta, dövülmüş
- ¼ c. kiraz aromalı brendi veya vişne suyu
- 6 onsluk paket. yarı tatlı çikolata cipsleri
- İsteğe bağlı: çırpılmış tepesi

TALİMATLAR:

a) 2 kutu pasta dolgusunu soğuyuncaya kadar buzdolabında saklayın. Düşük hızda bir elektrikli karıştırıcı kullanarak, kalan pasta dolgusu, kuru kek karışımı, yağ, yumurta ve brendi veya vişne suyunu iyice karışana kadar birlikte çırpın.

b) Çikolata parçacıklarını karıştırın.

c) Hamuru hafifçe yağlanmış 13 "x 9" fırın tepsisine dökün. Bir kürdan temiz çıkana kadar 350 derecede 25 ila 30 dakika pişirin; sakin olmak. Servis yapmadan önce, soğutulmuş pasta dolgusunu üstüne eşit şekilde yayın.

ç) İstenirse çubuklar halinde kesin ve çırpılmış tepesi ile servis yapın. 10 ila 12 arası servis edilir.

33.Cherry Malt Bliss Cupcakes

İÇİNDEKİLER:
KAPKEK:
- 3 ½ su bardağı çok amaçlı un
- 1 ¼ su bardağı ince pudra şekeri
- 3 çay kaşığı kabartma tozu
- ½ çay kaşığı ince tuz
- ½ bardak tuzsuz tereyağı, yumuşatılmış
- 2 büyük yumurta
- ¾ bardak tam yağlı süt
- ⅔ bardak konserve vişne suyu
- ½ su bardağı bitkisel yağ
- 2 yemek kaşığı Yunan yoğurdu veya ekşi krema
- 1 çay kaşığı vanilya özütü veya vanilya fasulyesi ezmesi
- 250 gr konserve kiraz
- Çikolata sosu
- Maraschino kirazı
- 2 damla pembe gıda jeli
- 1 damla mor gıda jeli
- ½ çay kaşığı kiraz brendi özü
- 4 yemek kaşığı malt tozu

BUZLANMA:
- 1 parti Kabarık Vanilyalı Buttercream kreması
- 2 damla mor gıda boyası
- ½ çay kaşığı kiraz brendi özü

TALİMATLAR:
KAPKEK:
a) Geleneksel bir fırın için fırını 160°C'ye (320°F) veya 180°C'ye (356°F) önceden ısıtın. Cupcake kalıplarını kek kalıplarıyla kaplayın.
b) Kürek aparatı takılı bir stand mikserin kasesinde, kuru malzemeleri (un, pudra şekeri, kabartma tozu ve tuz) birleştirin ve düşük hızda karıştırın.
c) Ayrı bir büyük sürahide vişne suyu, süt, yumurta, yoğurt, yağ ve vanilya özünü iyice birleşene kadar çırpın.

ç) Islak malzemeleri kuru malzemelere yavaş ve sabit bir akışla yavaş yavaş ekleyin ve hiçbir kuru malzeme görünmeyene kadar karıştırın. Kaseyi kazıyın.

d) Karışıma kiraz brendi esansı, pembe ve mor gıda boyası ve malt tozunu ekleyin ve 20 saniye daha karıştırın.

e) Her bir kek kalıbının altına 4 adet vişne yerleştirin ve ardından hamuru kalıplara yaklaşık ¾ oranında dolduracak şekilde dökün.

f) 20-25 dakika veya ortasına batırdığınız kürdan temiz çıkana kadar pişirin. Donmadan önce keklerin tel soğutma rafında tamamen soğumasını bekleyin.

BUZLANMA:

g) Bir miktar Kabarık Vanilyalı Buttercream kreması hazırlayın.

ğ) Hem gıda boyalarını hem de vişne brendi özünü kremaya ekleyin ve iyice birleşene kadar karıştırın.

TOPLANTI:

h) Sıkma torbasının ucunu açık yıldız ucuyla takın ve her keki girdap şeklinde dondurun.

ı) Çikolata sosunu muhallebinin üzerine gezdirin.

i) Bir boru ucu kullanarak üstüne başka bir girdap sürün.

j) Her kekin üzerine bir kiraz likörü kirazı ekleyin.

34.Vişneli Fırıldak Kurabiyeleri

İÇİNDEKİLER:

- 2 fincan çok amaçlı un
- ¼ su bardağı toz şeker
- 1 yemek kaşığı kabartma tozu
- ½ çay kaşığı tuz
- ½ bardak soğuk tuzsuz tereyağı, doğranmış
- ½ bardak süt
- 2 su bardağı taze kiraz, çekirdekleri çıkarılmış ve yarıya bölünmüş
- ¼ su bardağı toz şeker (kiraz için)
- Servis için çırpılmış krema veya vanilyalı dondurma

TALİMATLAR:

a) Fırınınızı 220°C'ye (425°F) önceden ısıtın.

b) Büyük bir kapta un, şeker, kabartma tozu ve tuzu birlikte çırpın.

c) Soğuk tereyağını un karışımına ekleyin ve hamur kesiciyle veya parmaklarınızla, karışım iri kırıntı görünümüne gelinceye kadar kesin.

ç) Sütü dökün ve hamur bir araya gelinceye kadar karıştırın.

d) Hamuru hafifçe unlanmış bir yüzeye alıp birkaç kez hafifçe yoğurun. Hamuru yaklaşık yarım santim kalınlığında dikdörtgen şeklinde açın.

e) Bir kapta kirazları ¼ bardak şekerle kaplanana kadar karıştırın.

f) Kirazları hamurun üzerine eşit şekilde dağıtın. Fırıldak şekli oluşturmak için hamuru uzun kenarlardan birinden başlayarak sıkıca yuvarlayın.

g) Rulo hamurunu tek tek kekler halinde kesin ve bunları parşömen kağıdıyla kaplı bir fırın tepsisine yerleştirin.

ğ) 12-15 dakika veya altın rengi kahverengi olana ve kirazlar kabarcıklanıncaya kadar pişirin.

h) Servis etmeden önce kurabiyelerin biraz soğumasını bekleyin. Krem şanti veya vanilyalı dondurma ile servis yapın.

35.Kiraz kinoa çubuk

İÇİNDEKİLER:

- Yapışmaz pişirme spreyi
- 2 yemek kaşığı çabuk pişirilen yulaf
- 2 yemek kaşığı pişmiş kinoa
- 2 yemek kaşığı ince kıyılmış fıstık
- 2 yemek kaşığı şekerli kurutulmuş kiraz
- 2 yemek kaşığı bitkisel yağ
- 2 yemek kaşığı bal
- ¼ çay kaşığı koşer tuzu

TALİMATLAR:

a) 12 onsluk bir kupanın içine pişirme spreyi püskürtün.

b) Tüm malzemeleri bir kapta karıştırdıktan sonra bardağa dökün.

c) Yulaf pişene kadar yaklaşık 3 dakika kadar mikrodalgada bekletin.

ç) Sıcak karışımı bir parça parşömen üzerine dökün ve dikdörtgen veya dar bir geleneksel çubuk haline getirin.

d) Soğuyana ve katılaşana kadar, 30 dakika veya daha fazla soğutun.

36.Bitter Çikolatalı Kiraz Salkımları

İÇİNDEKİLER:

- 1 bardak kremalı fındık ezmesi (örneğin, badem ezmesi, kaju ezmesi)
- ¼ bardak bal veya akçaağaç şurubu
- ¼ bardak eritilmiş hindistancevizi yağı
- 2 su bardağı yulaf ezmesi
- ½ su bardağı kurutulmuş kiraz
- ½ su bardağı bitter çikolata parçaları

TALİMATLAR:

a) Bir karıştırma kabında fındık ezmesini, balı (veya akçaağaç şurubunu) ve eritilmiş hindistancevizi yağını iyice karışana kadar birleştirin.

b) Haddelenmiş yulaf, kurutulmuş kiraz ve bitter çikolata parçacıklarını karıştırın.

c) Karışımdan kaşık dolusu yağlı kağıt serili fırın tepsisine veya mini muffin kalıplarına dökün.

ç) Ayarlanması için en az 1 saat buzdolabında bekletin.

37.Vişneli Rom Topları

İÇİNDEKİLER:

- 2 su bardağı ezilmiş vanilyalı gofret kurabiyesi
- 1 su bardağı pudra şekeri
- 1 su bardağı kıyılmış ceviz
- 1 su bardağı kurutulmuş kiraz, doğranmış
- 2 yemek kaşığı kakao tozu
- ¼ bardak rom
- 2 yemek kaşığı hafif mısır şurubu
- Yuvarlamak için ilave pudra şekeri

TALİMATLAR:

a) Büyük bir karıştırma kabında ezilmiş vanilyalı gofret kurabiyeleri, pudra şekeri, kıyılmış ceviz, kurutulmuş kiraz ve kakao tozunu birleştirin.

b) Karışıma rom ve hafif mısır şurubunu ekleyin ve her şey iyice birleşene kadar iyice karıştırın.

c) Karışımdan küçük parçalar alın ve elinizle 1 inçlik toplar halinde yuvarlayın.

ç) Topları eşit şekilde kaplamak için pudra şekeri içinde yuvarlayın.

d) Rom toplarını parşömen kağıdıyla kaplı bir fırın tepsisine yerleştirin.

e) Rom toplarını en az 2 saat veya sertleşinceye kadar buzdolabında saklayın.

f) Soğutulup sertleştikten sonra rom toplarını depolama için hava geçirmez bir kaba aktarın. Buzdolabında 2 haftaya kadar saklanabilirler.

38.Bitter Çikolata Kaplı Kiraz

İÇİNDEKİLER:

- 40 ons saplı maraschino kirazı, süzülmüş
- 1 ¾ bardak baharatlı rom, kirazları kaplayacak kadar az veya çok
- 1 ½ su bardağı bitter çikolata
- İsteğe bağlı olarak 1 çay kaşığı katı yağ gerekmeyebilir
- ½ su bardağı zımpara şekeri

TALİMATLAR:

a) Kirazları boşaltın ve suyunu başka bir amaç için saklayın. Bu tarifte kullanılmayacak ancak kokteyller ve daha fazlası için harikadır.

b) Kirazları dörtte bir büyüklüğünde bir kavanoza veya başka bir kaba yerleştirin. Tamamen baharatlı romla kaplayın. En az 24 saat, en fazla 72 saat boyunca kapatın ve soğutun. Kirazlar romda ne kadar uzun süre kalırsa tadı o kadar güçlü olur.

c) Daha sonra romla ıslatılmış kirazları süzün. Bu kiraz aromalı romu sakla. Kokteyller için çok iyi. Kirazları 10 dakika boyunca kağıt havluların üzerine koyun. Bu adım çikolata kaplamanın meyveye yapışmasını sağlar.

ç) Bir tepsiyi veya tabağı parşömen kağıdıyla hizalayın. Dekoratif şekeri sığ bir tabağa veya kaseye yerleştirin.

d) Bitter çikolatayı paketin üzerindeki talimatlara göre eritin. Kirazları batıracak kadar derin olan küçük bir kase kullanın.

e) Çikolata çok kalınsa, eriyene ve çikolata pürüzsüz hale gelinceye kadar yaklaşık bir çay kaşığı katı yağ ilave edin.

f) Çikolata sıcakken vişneleri teker teker batırın. Önce çikolataya sonra şekere batırın.

g) Hazırlanan parşömen üzerine batırılmış kirazları yerleştirin. Tüm kirazları daldırmayı tamamladığınızda, katılaşana kadar buzdolabında saklayın.

39.Kiraz Ciroları

İÇİNDEKİLER:

- 17¼ onsluk dondurulmuş puf böreği paketi çözülmüş
- 21 onsluk kutu vişneli turta dolgusu, süzülmüş
- 1 su bardağı pudra şekeri
- 2 yemek kaşığı su

TALİMATLAR:

a) Milföy hamurlarını ayırın ve her birini 4 kareye kesin.

b) Pasta dolgusunu kareler arasında eşit olarak bölün.

c) Hamurun kenarlarını suyla fırçalayın ve çapraz olarak ikiye katlayın.

ç) Kenarlarını bir çatalla kapatın ve kıvırın. Hava almak için topların üst kısmına bıçakla küçük bir yarık açın.

d) Yağlanmamış bir fırın tepsisinde 400 derecede 15 ila 18 dakika, kabarıp altın rengi oluncaya kadar pişirin. Hafifçe soğumaya bırakın.

e) Pudra şekeri ve suyu karıştırın; sıcak topaklar üzerine çiseleyin.

40.Rum kirazlı börek

İÇİNDEKİLER:

- ½ bardak Çok amaçlı un
- 2 yemek kaşığı Şekerleme şekeri
- ¼ çay kaşığı Tuz
- 1 pound saplarıyla birlikte kiraz
- Şekerleme şekeri
- 2 yumurta; ayrılmış
- 2 yemek kaşığı Rum
- ½ bardak Arıtılmış tereyağı
- ½ su bardağı bitkisel yağ

TALİMATLAR:

a) Orta boy bir kapta un, yumurta sarısı, 2 yemek kaşığı şekerleme şekeri, rom ve tuzu pürüzsüz bir hamur elde edene kadar karıştırın.

b) Örtün ve 1 ila 2 saat bekletin.

c) Yumurta aklarını sertleşene kadar çırpın ve hamurun içine katlayın.

ç) Tereyağını ve bitkisel yağı büyük bir tavada 360 derece F'ye ısıtın, ardından ısıyı düşük seviyeye getirin.

d) Kirazları hamura batırıp kızgın yağda bekletin.

e) 3 dakika veya altın kahverengi olana kadar kızartın

f) Kirazları çıkarın.

g) Bunları şekerlemenin şekerine batırıp servis yapın.

41.Kirazlı Patlamış Mısır

İÇİNDEKİLER:

- 2½ çeyrek havayla patlamış mısır Tereyağı aromalı sprey
- 1 paket kiraz aromalı jelatin

TALİMATLAR:

a) Patlamış mısırı çok büyük bir kaseye koyun ve üzerine hafifçe tereyağı aromalı yağ püskürtün.
b) Jelatin serpin. Beş dakika boyunca 350 derecelik bir fırına koyun.
c) Jelatin hafifçe çözülecek ve patlamış mısıra yapışacaktır.

42.Kiraz Yolu Karışımı

İÇİNDEKİLER:

- 1 su bardağı bitter çikolata parçacıkları
- 1 su bardağı kurutulmuş kızılcık
- 1 su bardağı kurutulmuş kiraz
- 1 su bardağı kavrulmuş tuzlu fıstık
- 1 su bardağı bütün tuzlu badem
- 1 su bardağı tuzlanmış kavrulmuş kaju fıstığı bütün olarak, parçalar halinde değil
- 1 bardak fındık, aynı zamanda filberts olarak da bilinir

TALİMATLAR:

a) Büyük bir karıştırma kabında tüm malzemeleri birleştirin ve eşit şekilde karışana kadar karıştırın.

b) İz karışımını bir aya kadar hava geçirmez bir kapta saklayın.

43.Vişne Kremalı Puflar

İÇİNDEKİLER:

- ½ bardak süt
- ½ bardak su
- ½ bardak tereyağı
- 1 fincan çok amaçlı un
- 5 yumurta
- 5 su bardağı dondurulmuş, şekersiz, çekirdeği çıkarılmış, ekşi kırmızı kiraz, çözülmüş
- su
- 1 su bardağı şeker
- ¼ bardak mısır nişastası
- ¼ bardak kirsch (siyah kiraz likörü) veya portakal suyu
- 3 damla kırmızı gıda boyası
- 1 yemek kaşığı vanilya
- 2 ons yarı tatlı çikolata, eritilmiş ve soğutulmuş
- 1 bardak krem şanti, çırpılmış

TALİMATLAR:

a) Kremalı puflar için orta boy bir tencerede süt, su ve tereyağını birleştirin. Kaynamaya getirin. Çok amaçlı unu bir kerede, kuvvetlice karıştırarak ekleyin. Karışım ayrılmayan bir top oluşana kadar pişirin ve karıştırın. Tencereyi ocaktan alın. Kremalı puf karışımını 5 dakika soğutun. Yumurtaları teker teker ekleyin, her eklemeden sonra tahta kaşıkla pürüzsüz hale gelinceye kadar çırpın.

b) Toplam 12 kremalı puf olacak şekilde yağlanmış bir fırın tepsisine yemek kaşığı kadar hamur dökün.

c) 400 derecelik F fırında yaklaşık 30 dakika veya altın rengi olana kadar pişirin. Tel ızgara üzerinde serin puflar. Pufları bölün ve içindeki yumuşak hamurları çıkarın.

ç) Bu arada, kiraz dolgusu için, çözülmüş kirazları 2 fincanlık bir ölçüm kabının üzerindeki elek içine koyun; kiraz suyunu saklayarak kirazları boşaltın. 2 bardak sıvı hale getirmek için ayrılmış vişne suyuna yeterli su ekleyin; kirazları bir kenara koyun.

d) Büyük bir tencerede şekeri ve mısır nişastasını karıştırın. Vişne suyu karışımını, kirsch'i ve kırmızı gıda boyasını karıştırın. Orta ateşte koyulaşıncaya ve kabarcıklar oluşana kadar pişirin ve karıştırın. 2 dakika daha pişirin ve karıştırın . Ateşten alın; vanilyayı ve kirazları karıştırın. Kapağı kapatın ve yaklaşık 2 saat veya tamamen soğuyuncaya kadar buzdolabında saklayın.

e) Birleştirmek için, pufların içine kiraz dolgusunu kaşıklayın. Pufları eritilmiş çikolatayla gezdirin. Krem şanti ile servis yapın.

44.Vişneli Brownie Lokmaları

İÇİNDEKİLER:

- ½ su bardağı tuzsuz tereyağı
- 3 ons yarı tatlı çikolata, doğranmış
- 1 su bardağı toz şeker
- ¼ bardak kakao tozu
- 2 yumurta
- 1 çay kaşığı vanilya özü
- ½ bardak çok amaçlı un
- ½ çay kaşığı tuz
- ¾ bardak Kirazlı Turta Doldurma
- ⅓ fincan %35 krem şanti
- 2 yemek kaşığı pudra şekeri

TALİMATLAR:

a) Fırını önceden 350°F'ye (180°C) ısıtın.

b) 24 mini muffin kalıbını yağlayın ve kakao tozuyla tozlayın; bir kenara koyun.

c) Tereyağı ve çikolatayı, kaynayan suyun üzerine oturtulmuş, ısıya dayanıklı bir kapta ara sıra karıştırarak eritin. Ateşten alın. Şeker ve kakao tozunu karıştırın. Hafifçe soğutun.

ç) Yumurtaları çikolata karışımına birer birer, iyice birleşene kadar karıştırın. Vanilyayı karıştırın. Ayrı bir kapta un ve tuzu birleşene kadar çırpın. Çikolata karışımına karıştırın.

d) Hazırlanan tavaya eşit şekilde kaşıkla dökün. 18 ila 20 dakika kadar veya brownie'nin ortasına yerleştirildiğinde kürdanın üzerine sadece birkaç nemli kırıntı yapışıncaya kadar pişirin.

e) Tavada tamamen soğumaya bırakın. Tavadan çıkarın. Servis etmeye hazır olduğunuzda kremayı ve pudra şekerini elektrikli çırpıcıyla sert tepecikler oluşana kadar çırpın. Her birini eşit şekilde çırpılmış krema ve kalan vişneli pasta dolgusu ile doldurun. Derhal servis yapın.

45.Kiraz Şarabı Pirinçli Çıtır İkramlar

İÇİNDEKİLER:

- 3 yemek kaşığı tereyağı
- 4 su bardağı mini marshmallow
- ½ fincan Pensilvanya kiraz şarabı
- 5 su bardağı pirinç patlağı
- ½ su bardağı doğranmış kurutulmuş kiraz
- ¼ bardak yarı tatlı çikolata parçaları

TALİMATLAR:

a) Bir fırın tepsisini parşömen kağıdıyla hizalayın. Yemeklik yağ püskürtün.

b) Orta ateşte orta boy bir tencerede tereyağını eritin. Marshmallowları ekleyip eriyene kadar karıştırın.

c) Ateşten alıp şarap ve mısır gevreğini ekleyin. Birleşene ve hatmi dağıtılana kadar karıştırın.

ç) Kurutulmuş kirazları ve çikolata parçacıklarını ekleyin ve tamamen birleşene kadar karıştırın. Hazırlanmış bir tepsiye dökün, parşömen kağıdıyla örtün ve soğutun. Dilimleyip servis yapın.

46.Kiraz Enerji Topları

İÇİNDEKİLER:

- 200 gr çekirdeği çıkarılmış hurma
- 1 su bardağı öğütülmüş badem
- ¾ bardak kurutulmuş hindistan cevizi
- ½ bardak haddelenmiş yulaf
- 2 yemek kaşığı kakao tozu
- 2 yemek kaşığı hindistancevizi yağı
- 1 yemek kaşığı akçaağaç şurubu
- 20g bütün dondurularak kurutulmuş kiraz, ufalanmış

TALİMATLAR:

a) Dolu bir su ısıtıcısını kaynatın

b) Hurmaları orta ısıya dayanıklı bir kaseye koyun ve üzerini kaynar suyla doldurun. Yumuşamaya başlayana kadar yaklaşık 10 dakika bekletin. İyice boşaltın.

c) Öğütülmüş bademleri, kurutulmuş hindistan cevizini, yulaf ezmesini ve kakao tozunu bir karıştırıcıda ıslatılmış hurma, hindistancevizi yağı ve akçaağaç şurubu ile birleştirin. Pürüzsüz hale gelinceye kadar 2-3 dakika karıştırın.

ç) Karışımı temiz nemli ellerle yemek kaşığı büyüklüğünde toplar halinde yuvarlayın ve bir tabağa/tepsiye yerleştirin. Sertleşmesi için yaklaşık 30 dakika kadar buzdolabında bekletin.

d) Temiz, kuru eller kullanarak dondurularak kurutulmuş kirazları bir tabağa ufalayın. Enerji toplarını kiraz parçacıklarının içinde hafifçe yuvarlayın.

47.Kiraz Kurabiyeleri

İÇİNDEKİLER:

- 2 ¼ bardak Çok amaçlı un
- ½ bardak Hollanda usulü kakao tozu
- ½ çay kaşığı Kabartma tozu
- ½ çay kaşığı Kabartma tozu
- 1 çay kaşığı Tuz
- 1 su bardağı tuzsuz tereyağı eritilip soğutulmuş
- ¾ fincan kahverengi şeker paketlenmiş açık veya koyu
- ¾ su bardağı beyaz toz şeker
- 1 çay kaşığı Saf vanilya özü
- 2 büyük yumurta oda sıcaklığında
- 1 su bardağı beyaz çikolata parçaları
- ½ bardak Yarı tatlı çikolata parçaları
- 1 su bardağı taze kiraz Yıkanmış, çekirdekleri çıkarılmış ve dörde bölünmüş

TALİMATLAR:

a) Tereyağını mikrodalgada eritin ve oda sıcaklığına gelene kadar 10-15 dakika soğumaya bırakın. Kirazları hazırlayın ve küçük parçalara bölün.

b) 1 su bardağı Tuzsuz tereyağı,1 su bardağı Taze kiraz

c) Fırını önceden 350°F'ye ısıtın. Parşömen kağıdıyla iki kurabiye yaprağını hizalayın. Bir kenara koyun.

ç) Orta boy bir kapta un, kakao tozu, kabartma tozu, kabartma tozu ve tuzu karıştırın. Bir kenara koyun.

d) 2 ¼ su bardağı Çok amaçlı un, ½ su bardağı Şekersiz kakao tozu, ½ çay kaşığı Kabartma tozu, ½ çay kaşığı Kabartma tozu, 1 çay kaşığı Tuz

e) Büyük bir kaseye eritilmiş tereyağını, esmer şekeri, şekeri, vanilyayı ve yumurtaları ekleyin. Pürüzsüz hale gelinceye kadar karıştırmak için kauçuk bir spatula kullanın.

f) 1 su bardağı Tuzsuz tereyağı, ¾ su bardağı Esmer şeker, ¾ su bardağı Beyaz toz şeker, 1 çay kaşığı Saf vanilya özü, 2 Büyük yumurta

g) Kuru malzemeleri ekleyin ve birleşene kadar karıştırın. Yumuşak bir hamur olacak. Beyaz çikolata parçacıklarını, çikolata parçacıklarını ve taze kirazları ekleyin.

ğ) 1 su bardağı Beyaz çikolata parçacıkları, ½ su bardağı Yarı tatlı çikolata parçacıkları, 1 su bardağı Taze kiraz

h) Hamuru kepçelemek için büyük bir kurabiye kepçesi (3 onsluk kurabiye kepçesi) kullanın. Çerez kağıdı başına 6 kurabiye hamuru topu yerleştirin.

ı) Bir seferde bir kurabiye yaprağı pişirin. 13-15 dakika pişirin. Sıcakken üzerine ekstra çikolata parçacıkları ve beyaz çikolata parçacıkları ekleyin.

i) Kurabiyeyi sıcak tavada 10 dakika bekletin. Daha sonra soğuması için bir soğutma rafına aktarın.

48.Kiraz Şarabı Pirinçli Çıtır İkramlar

İÇİNDEKİLER:

- 3 yemek kaşığı tereyağı
- 4 su bardağı mini marshmallow
- ½ fincan Pensilvanya kiraz şarabı
- 5 su bardağı pirinç patlağı
- ½ su bardağı doğranmış kurutulmuş kiraz
- ¼ bardak yarı tatlı çikolata parçaları

TALİMATLAR:

a) Bir fırın tepsisini parşömen kağıdıyla hizalayın. Yemeklik yağ püskürtün.

b) Orta ateşte orta boy bir tencerede tereyağını eritin. Marshmallowları ekleyip eriyene kadar karıştırın.

c) Ateşten alıp şarap ve mısır gevreğini ekleyin. Birleşene ve hatmi dağıtılana kadar karıştırın.

ç) Kurutulmuş kirazları ve çikolata parçacıklarını ekleyin ve tamamen birleşene kadar karıştırın. Hazırlanmış bir tepsiye dökün, parşömen kağıdıyla örtün ve soğutun. Dilimleyip servis yapın.

TATLI

49.Kırmızı Ayna Sırlı Kirazlı Cheesecake

İÇİNDEKİLER:
PEYNİRLİ KEK İÇİN:
- 150 gr kiraz, çekirdekleri çıkarılmış, ayrıca garnitür için ekstra bir bütün kiraz
- ½ limon suyu
- 150 gr pudra şekeri
- 300 gr beyaz çikolata, parçalara ayrılmış
- 600 gr Philadelphia krem peyniri, oda sıcaklığında
- 300ml krema (oda sıcaklığında)
- 1 çay kaşığı vanilya özü

TABAN İÇİN:
- 75g tuzsuz tereyağı, eritilmiş, ayrıca yağlama için ekstra
- 175 gr sindirim bisküvisi

GLAZÜR İÇİN:
- 4 yaprak platin dereceli jelatin (Dr. Oetker)
- 225 gr pudra şekeri
- 175ml çift krema
- 100 gr beyaz çikolata, ince doğranmış
- 1 çay kaşığı kırmızı gıda boyası jeli

TALİMATLAR:
CHEESECAKE'İN HAZIRLANIŞI:
a) 20 cm'lik kelepçeli kalıbın tabanını ve kenarlarını hafifçe yağlayın. Tabanın klipslerini açın ve üzerine 30 cm genişliğinde bir daire şeklinde pişirme kağıdı yerleştirin.

b) Astarlı tabanı kalıba yeniden takın ve kolay servis için fazla kağıdın alttan sarkmasını sağlayın. Yanları bir parça pişirme kağıdıyla hizalayın.

c) Bir mutfak robotunda kirazları, limon suyunu ve 75 gr pudra şekerini birleştirin.

ç) Oldukça pürüzsüz olana kadar karıştırın. Karışımı orta boy bir tencereye aktarın, kaynatın, ardından ısıyı azaltın ve koyulaşıp şurup kıvamına gelinceye kadar 4-5 dakika pişirin. Tamamen soğumasına izin verin.

TABANI OLUŞTURMAK:

d) Sindirilen bisküvileri temiz bir kasede mutfak robotunda ince galeta unu kıvamına gelinceye kadar ezin. Karıştırma kabına aktarıp eritilmiş tereyağını ekleyerek karıştırın.

e) Sağlam ve eşit bir taban oluşturmak için karışımı hazırlanan kalıba bastırın. En az 20 dakika buzdolabında saklayın.

CHEESECAKE DOLGUNUN HAZIRLANIŞI:

f) Beyaz çikolatayı ısıya dayanıklı bir kapta, kaynayan suyun üzerinde eritin. Hala dökülebilir haldeyken oda sıcaklığına soğuması için bir kenara koyun.

g) Büyük bir karıştırma kabında krem peyniri pürüzsüz hale gelinceye kadar çırpın. Kremayı, kalan pudra şekerini ve vanilya özünü ekleyin. Hafifçe koyulaşana kadar çırpın. Soğuyan beyaz çikolatayı ekleyin.

ğ) Soğuyan tabanın üzerine krem peynir karışımının yarısını dökün. Üzerine vişne reçelini dökün ve bir şiş yardımıyla dolgunun içine doğru döndürün. Kalan krem peynir karışımını reçelin üzerine dökün, üstünün pürüzsüz olmasını sağlayın. Hava kabarcıklarını gidermek için kalıba hafifçe vurun ve sertleşene kadar en az 4 saat buzdolabında saklayın.

AYNA SIRLAMASININ YAPILMASI:

h) Jelatin yapraklarını bir kase soğuk suda birkaç dakika bekletin.

ı) Bir tencerede şekeri ve 120 ml taze kaynamış suyu birleştirin. Hafif ateşte, şeker eriyene kadar karıştırarak ısıtın. Kaynatın ve 2 dakika pişirin. Kremayı karıştırın ve 2 dakika daha pişirin. Ateşten alın, ıslatılmış jelatin yapraklarının fazla suyunu sıkın ve kremaya ekleyin, eriyene kadar karıştırın.

i) Krema karışımını 4-5 dakika soğumaya bırakın. Beyaz çikolatayı karıştırın. Kırmızı gıda boyası jelini ekleyin ve iyice karışana kadar karıştırın.

j) Sırları bir elekten geçirerek büyük bir kaseye süzün. Kabuk oluşumunu önlemek için ara sıra karıştırarak oda sıcaklığına gelene kadar 15-20 dakika soğumaya bırakın. Sır, çift krema gibi bir kıvama sahip olmalıdır.

CHEESECAKE'İN SÜRÜLMESİ:

k) Cheesecake'i kalıptan dikkatlice çıkarın, pişirme kağıdını soyun ve altında bir tepsi olacak şekilde tel ızgaranın üzerine yerleştirin. Sıcak bir palet bıçağını yüzeyin üzerinde gezdirerek pürüzsüz hale getirin, ardından soğutulmuş sırın üçte ikisini tamamen kaplayacak şekilde üzerine dökün. Ayarlamak için 10 dakika buzdolabında bekletin.

l) Gerekirse kalan kremayı ısıtın ve cheesecake'e ikinci kat uygulamadan önce tekrar süzün. Üzerine bir kiraz ekleyin ve soğuyana kadar 5-10 dakika buzdolabında saklayın. Doğrudan raftan servis yapın veya bir palet bıçağı veya kek kaldırıcı kullanarak bir tabağa aktarın. Eğlence!

50.Kirazlı fındıklı çıtır pasta

İÇİNDEKİLER:

- ½ paket (10 ons) pasta kabuğu karışımı
- ¼ su bardağı paketlenmiş açık kahverengi şeker
- ¾ su bardağı kavrulmuş fındık, doğranmış
- 1 ons Yarı tatlı çikolata rendelenmiş
- 4 çay kaşığı Su
- 1 çay kaşığı Vanilya
- 8 ons Kırmızı maraschino kirazı
- 2 çay kaşığı Mısır Nişastası
- ¼ bardak Su
- 1 çizgi Tuz
- 1 yemek kaşığı Kirsch (isteğe bağlı)
- 1 litre Vanilyalı dondurma

TALİMATLAR:

a) (½ paket) pasta kabuğu karışımını şeker, fındık ve çikolata ile bir hamur karıştırıcısı kullanarak birleştirin. Suyu vanilyayla karıştırın.

b) Kırıntı karışımını üzerine serpin ve iyice karışana kadar karıştırın. İyi yağlanmış 9 inçlik bir pasta tabağına çevirin; Karışımı tabana ve yan tarafa doğru sıkıca bastırın.

c) 375 derecelik fırında 15 dakika pişirin. Rafta soğutun.

ç) Örtün ve birkaç saat veya gece boyunca bekletin. Kirazları boşaltın, şurubu saklayın. Kirazları irice doğrayın.

d) Şurubu mısır nişastası, ¼ bardak su ve tuzla bir tencerede karıştırın; kiraz ekleyin. Şeffaflaşana kadar kısık ateşte pişirin. Isıdan çıkarın ve iyice soğutun.

e) Kirsch'ü ekleyin ve soğutun. Pasta kabuğunun içine kaşıkla dondurma koyun. Pastanın üzerine kiraz sosunu dökün ve hemen servis yapın.

51.Kiraz, Ravent ve Kavun Salatası

İÇİNDEKİLER:

- 400 gram ravent, parçalar halinde kesilmiş
- 150 ml toz şeker
- 150 mi beyaz şarap
- 500 gram top haline getirilmiş çeşitli kavun
- 200g taze kiraz, ikiye bölünmüş, çekirdekleri çıkarılmış
- 120g ahududu
- Taze nane yaprakları
- Limon çubukları (servis için)

TALİMATLAR:

a) Bir tencerede ravent parçalarını toz şeker ve beyaz şarapla birleştirin. Karışımı düşük ateşte ısıtın, raventin yavaşça yumuşamasını ve erimesini sağlayın.

b) Tencereyi ocaktan alın ve ravent karışımını soğumaya bırakın. Buzdolabında soğutun.

c) Ravent karışımı soğurken kavunu top haline getirerek veya lokma büyüklüğünde keserek hazırlayın.

ç) Ravent karışımı soğuduktan sonra hazırlanan kavun, ahududu, kiraz ve ince doğranmış nane yapraklarını tencereye ekleyin.

d) Her şeyi yavaşça karıştırın.

e) Salatayı buzdolabına koyun ve birkaç saat soğumaya bırakın, böylece tatların birbirine karışması sağlanır.

f) Servis yapmaya hazır olduğunuzda salatayı küçük kaselere bölün ve her porsiyonu taze nane yapraklarıyla süsleyin.

g) Ravent ve kavun salatasını, ferahlatıcı bir dokunuş için yanında limon çubukları ile servis edin.

ğ) Bu enfes ve canlandırıcı ravent ve kavun salatasının tadını çıkarın!

İÇİNDEKİLER:
- 2 yemek kaşığı şeker
- 2 yemek kaşığı Amaretto
- 2 ½ bardak taze Bing kirazı, çekirdekleri çıkarılmış
- ½ bardak taze yaban mersini
- 2 yemek kaşığı mısır nişastası
- 2 bardak yarım buçuk, bölünmüş
- ⅔ su bardağı şeker
- 1 yemek kaşığı Amaretto
- ¼ Çay kaşığı tuz

TALİMATLAR:
a) Orta boy bir kapta şekeri, Amaretto'yu, kirazları ve yaban mersini birleştirin. Ara sıra sallayarak 30-45 dakika bekletin. Meyve sularını orta boy bir tencereye ekleyin ve orta ateşte sık sık karıştırarak yumuşayana kadar yaklaşık 15 dakika pişirin. Meyveyi hafifçe soğumaya bırakın, ardından bir mutfak robotuna ekleyin ve neredeyse pürüzsüz hale gelinceye kadar püre haline getirin, biraz doku bırakın. Dondurmanın içine karıştırmak için ⅓ bardak meyve karışımını bir kenara koyun ; kalan meyve karışımını tencereye geri koyun.

b) Küçük bir kapta mısır nişastasını ve 3 yemek kaşığı yarım buçuku birlikte çırpın; bir kenara koyun. Geriye kalan yarım buçuk şekeri, Amaretto'yu ve tuzu meyve karışımıyla dolu bir tencereye ekleyin; sürekli çırparak orta-yüksek ateşte kaynatın. Mısır-nişasta karışımını çırpın. Tekrar kaynatın ve koyulaşana kadar karıştırarak 1 ila 2 dakika daha pişirin. Ateşten alın ve oda sıcaklığına soğutun, ardından üzerini kapatıp buzdolabında 6 saat soğutun.

c) Soğutulmuş dondurma karışımını, dondurma makinesinin dondurulmuş silindirine dökün; üreticinin talimatlarına göre dondurun . Dondurma karışımının yarısını dondurucuya uygun bir kaba dökün, üstüne meyve karışımından parçalar ekleyin ve işlemi tekrarlayın. Katmanları tahta bir şişle birlikte döndürün. Karışımı sertleşinceye kadar gece boyunca dondurun.

53.Vişneli süt kırıntısı

İÇİNDEKİLER:

- 1 porsiyon Süt Kırıntısı
- ½ bardak dondurularak kurutulmuş kiraz tozu
- ¼ bardak dondurularak kurutulmuş yaban mersini tozu
- 0½ g koşer tuzu [⅛ çay kaşığı]

TALİMATLAR:

a) Süt kırıntılarını, meyve tozları ve tuzla birlikte orta boy bir kasede, tüm kırıntılar eşit şekilde kırmızı ve mavi benekli olana ve meyve tozuyla kaplanana kadar atın.

b) Kırıntıları hava geçirmez bir kapta buzdolabında veya derin dondurucuda 1 aya kadar saklayabilirsiniz.

54.Vişneli parfe

İÇİNDEKİLER:

- 3 ons Neufchatel krem peyniri
- 2 su bardağı soğuk yağsız süt
- 3 onsluk paket Jell-O şekersiz hazır çikolatalı puding
- 1 yemek kaşığı Mısır Nişastası
- ⅓ bardak Vişne suyu
- 1 kutu kırmızı çekirdekleri çıkarılmış kiraz
- 1 kiloluk su
- 6 paket Eşit Tatlandırıcı

TALİMATLAR:

a) Krem peyniri ¼ bardak sütle elektrikli karıştırıcının düşük hızında pürüzsüz hale gelinceye kadar karıştırın. Kalan sütü ve puding karışımını ekleyin. 1 veya 2 dakika veya pürüzsüz hale gelinceye kadar karıştırın.

b) Mısır nişastasını vişne suyuyla çözünene kadar karıştırın. Kirazlara ekleyip 1 dakika kaynayana kadar pişirin.

c) Ateşten alın ve Eşit olarak karıştırın.

ç) Alternatif olarak pudingi ve vişneleri parfe tabaklarına kaşıkla koyun ve pudingle bitirin. 2 kirazla süsleyin.

55.Kiraz Kremalı Dakuaz

İÇİNDEKİLER:

DAKKUAZ İÇİN:

- 180 gr (1½ su bardağı) pudra şekeri
- 160 gr (1⅔ su bardağı) badem unu
- 6 büyük yumurta akı
- Bir tutam tuz
- ½ çay kaşığı tartar kreması
- 60 gr (¼ su bardağı) pudra şekeri

DOLGU İÇİN:

- 200g (6 ons) taze veya dondurulmuş ve çözülmüş, çekirdekleri çıkarılmış koyu kiraz
- 120 gr (½ su bardağı) pudra şekeri
- ¾ bardak su
- 1 çay kaşığı limon suyu
- 500ml (2 su bardağı) krema

ÜSTÜ İÇİN:

- 30g (1 ons) bitter çikolata
- Pudra şekeri

TALİMATLAR:

a) İlk önce dakuaz yapın: Fırını önceden 130°C'ye (mümkünse fanlı)/250°F/gaz ½'ye ısıtın. En büyük fırın tepsinizin altını yağlayın ve üzerine bir parça parşömen yapıştırın.

b) Parşömen üzerine her biri 20 cm çapında üç daire çizin. Ayrıca önceden kesilmiş parşömen mermilerini de kullanabilirsiniz. Üç daire sığmazsa iki tepsi kullanın.

c) Pudra şekeri ve badem ununu bir kapta karıştırın. Yumurta aklarını bir tutam tuzla köpürene kadar çırpın, tartar kremasını ekleyin ve yumuşak tepelere kadar çırpın. Yumuşak bir beze elde edene kadar sürekli çırparak pudra şekerini üç veya dört porsiyon halinde ekleyin.

ç) Badem şekeri karışımını bezenin üzerine dökün ve bir spatula ile katlayın. Karışımı büyük düz ağızlı sıkma torbasına veya buzdolabı poşetine aktarıp 1,5 cm'lik köşesini kesin.

d) Karışımı işaretli dairelerin üzerine her birinin ortasından başlayarak spiral şeklinde sıkın. Fırına aktarın ve 1 saat 30 dakika pişirin. İki tepsiniz varsa, eşit pişirme sağlamak için yarıya kadar tepsileri değiştirin. Fırını kapatın ve dakuazı 1 saat 30 dakika daha veya gece boyunca içeride bırakın. Parşömeni soyun.

e) Dakualar pişerken kirazları hazırlayın: Şeker, su ve limon suyuyla birlikte büyük bir tencereye koyun ve kaynatın. Onları 30 dakika boyunca kuvvetlice kaynatmaya devam edin; Pişirmenin sonunda kirazların dibe yapışmadığını kontrol etmek için yavaşça karıştırın. Tavayı ateşten alıp soğumaya bırakın.

f) Kremayı yumuşak zirvelere kadar çırpın. Delikli bir kaşıkla süzülmüş kirazları katlayın, birkaçını dekorasyon için ayırın (şurup içeceklerde veya dondurmanın üzerinde kullanılabilir).

g) Bir dakuaz diski düz tarafı aşağı bakacak şekilde bir pasta tabağına veya standa yerleştirin.

ğ) Üzerine vişneli kremanın yarısını yayın ve düz tarafı yukarı gelecek şekilde başka bir diskle kapatın.

h) Üzerine kalan kremayı yayıp son yufkayı kapatın (en düzgün olanı buna ayırın). Üzerine pudra şekeri serpin ve kirazlarla süsleyin.

ı) Bitter çikolatayı benmari usulü veya mikrodalgada düşük güçte eritin. Kekin üzerine çatal yardımıyla gezdirin.

i) Servis yapmadan önce en az 2 saat buzdolabında soğutun, böylece krema dakuuazı biraz yumuşatır.

j) Buzdolabında 2-3 gün bekleyecek ama dakuaz katmanları daha da yumuşayacak.

56.Cappuccino Yaban Mersini Gevreği

İÇİNDEKİLER:

- 4 su bardağı taze veya dondurulmuş yaban mersini
- 2 yemek kaşığı hazır kahve granülü
- ½ su bardağı toz şeker
- 1 su bardağı eski moda yulaf
- ½ bardak çok amaçlı un
- ½ su bardağı paketlenmiş esmer şeker
- ½ bardak tuzsuz tereyağı, soğuk ve küp şeklinde
- ½ çay kaşığı öğütülmüş tarçın
- Bir tutam tuz

TALİMATLAR:

a) Fırınınızı önceden 350°F'ye (175°C) ısıtın ve 9x9 inçlik bir pişirme kabını yağlayın.

b) Hazır kahve granüllerini 2 yemek kaşığı sıcak suda eritip bir kenara koyun.

c) Büyük bir kapta yaban mersinlerini ve çözünmüş kahve karışımını birleştirin. Ceketini fırlat.

ç) Ayrı bir kapta toz şekeri, toz tarçını ve bir tutam tuzu karıştırın. Bu karışımı yaban mersinlerinin üzerine serpin ve kaplayın.

d) Yaban mersini karışımını hazırlanan pişirme kabına aktarın.

e) Bir kapta eski yulafları, çok amaçlı unu, esmer şekeri ve soğuk küp tereyağını birleştirin. Ufalanana kadar karıştırın.

f) Yulaf karışımını yaban mersinlerinin üzerine eşit şekilde serpin.

g) 35-40 dakika veya üzeri altın rengi kahverengi olana ve yaban mersinleri köpürene kadar pişirin.

ğ) Servis yapmadan önce biraz soğumasını bekleyin. Cappuccino yaban mersini gevreklerinin tadını çıkarın!

57.Kiraz Bavarois

İÇİNDEKİLER:

- 1 su bardağı bitter çikolata, eritilmiş
- ½ bardak kiraz reçeli
- 2 çay kaşığı jelatin
- 3 yemek kaşığı soğuk su
- 2 bardak ağır krema, çırpılmış
- Garnitür için krem şanti ve maraschino kirazları

TALİMATLAR:

a) Jelatini soğuk suda eritin ve birkaç dakika kabarmasını bekleyin.

b) Bir tencerede eritilmiş bitter çikolata ve vişne reçelini birleştirin. İyice birleşene kadar kısık ateşte ısıtın.

c) Çözünmüş jelatini çikolata-kiraz karışımına karıştırın.

ç) Karışımın oda sıcaklığına soğumasını bekleyin.

d) Çırpılmış kremayı yavaşça katlayın.

e) Çikolata-vişne karışımının yarısını servis bardaklarına veya kalıplara dökün.

f) Bir parça çırpılmış krema ve bir kiraz likörü kirazı ekleyin.

g) Kalan çikolata-kiraz karışımını üstüne ekleyin.

ğ) En az 4 saat veya katılaşana kadar buzdolabında saklayın.

58.Kirazlı Ters Kek

İÇİNDEKİLER:
SÜSLEME:
- ¼ bardak Margarin
- ½ bardak) şeker
- 2 su bardağı vişne

KEK PORSİYONU:
- 1 ½ su bardağı Un
- ½ bardak) şeker
- 2 çay kaşığı kabartma tozu
- ½ çay kaşığı Tuz
- 1 yumurta
- ½ bardak Süt
- 3 yemek kaşığı Kısaltma, eritilmiş

TALİMATLAR:
a) Fırınınızı 400 Fahrenheit'e (200 santigrat derece) önceden ısıtın.

b) 9 inçlik bir tavada ¼ bardak margarini eritin.

c) Tavadaki eritilmiş margarine yarım su bardağı şekerle karıştırılmış vişneleri ekleyip eşit şekilde yayalım.

ç) Kek kısmını hazırlamak için un, yarım su bardağı şeker, kabartma tozu ve tuzu bir kapta karıştırın.

d) Çırpılmış yumurtayı, sütü ve eritilmiş yağı kuru malzemelere ekleyin ve iyice birleşene kadar karıştırın.

e) Kek hamurunu tavadaki kirazların ve şekerin üzerine eşit şekilde dökün.

f) Keki önceden ısıtılmış fırında yaklaşık 30 dakika veya ortasına batırdığınız kürdan temiz çıkana kadar pişirin.

g) Piştikten hemen sonra pastayı servis tabağına ters çevirin, böylece kiraz tepesi artık pastanın üzerinde olur.

ğ) Kirazlı Ters Kek'i sıcak olarak servis edin ve tatlı kirazların ve yumuşak kekin enfes lezzetlerinin tadını çıkarın!

59.Vişneli Badem Kreması

İÇİNDEKİLER:

- 2 bardak ağır krema
- ½ su bardağı toz şeker
- 6 büyük yumurta sarısı
- 1 çay kaşığı badem özü
- 1 bardak taze kiraz, çekirdeği çıkarılmış ve yarıya bölünmüş
- Süslemek için dilimlenmiş badem ve taze kiraz

TALİMATLAR:

a) Bir tencerede kremayı ve şekeri kaynamaya başlayıncaya kadar ısıtın.

b) Yarıya bölünmüş taze kirazları karıştırın.

c) Ateşten alın ve 15 dakika demlenmeye bırakın.

ç) Ayrı bir kapta yumurta sarılarını ve badem özünü pürüzsüz hale gelinceye kadar çırpın.

d) Kirazla demlenmiş sıcak krema karışımını sürekli çırparak yavaş yavaş yumurta sarısına dökün.

e) Karışımı ayrı ayrı krema kaplarına dökün ve servis etmeden önce en az 4 saat buzdolabında saklayın.

f) Servis yapmadan önce dilimlenmiş badem ve taze kirazlarla süsleyin.

60.Vişneli Brownie Turtası

İÇİNDEKİLER:

- 1 kutu brownie karışımı (artı gerekli malzemeler)
- 1 kutu kirazlı turta dolgusu
- ½ su bardağı yarı tatlı çikolata parçaları
- Üzeri için krem şanti

TALİMATLAR:

a) Brownie karışımı paketindeki talimatlara göre fırınınızı önceden ısıtın ve brownie hamurunu tarif edildiği şekilde hazırlayın.

b) Brownie hamurunun yarısını, yağlanmış veya astarlanmış 9 inçlik bir pasta tabağının tabanına eşit şekilde yayın.

c) Kirazlı pasta dolgusunu brownie hamurunun üzerine dökün.

ç) Yarı tatlı çikolata parçacıklarını vişneli pasta dolgusunun üzerine serpin.

d) Brownie hamurunun geri kalan yarısını vişneli pasta dolgusunun ve çikolata parçacıklarının üzerine yayın.

e) Brownie karışımı paketindeki talimatlara göre, genellikle yaklaşık 30-35 dakika pişirin.

f) Dilimlemeden önce brownie pastasının tamamen soğumasını bekleyin.

g) Üzerine krem şanti ile servis yapın.

61.Vişneli Turta

İÇİNDEKİLER:
- ¼ bardak dondurulmuş kiraz
- 1 yemek kaşığı toz şeker
- 2 yemek kaşığı çok amaçlı un
- 1 yemek kaşığı tereyağı

TALİMATLAR:
a) Mikrodalgaya dayanıklı bir kupada dondurulmuş kirazları, toz şekeri, çok amaçlı unu ve tereyağını birleştirin.

b) Kirazların un ve şeker karışımıyla kaplanıncaya kadar malzemeleri iyice karıştırın.

c) Kupayı yüksek güçte yaklaşık 1-2 dakika veya kek pişene ve kirazlar köpürene kadar mikrodalgada tutun. Tam pişirme süresi mikrodalga fırınınızın gücüne bağlı olarak değişebilir, bu nedenle dikkatli olun.

ç) Kupayı mikrodalgadan dikkatlice çıkarın (sıcak olabilir) ve servis yapmadan önce ayakkabıcının bir veya iki dakika soğumasını bekleyin.

d) Cherry Cobbler'ı olduğu gibi yiyebilir veya daha fazla keyif için bir kepçe vanilyalı dondurma veya bir parça çırpılmış krema ile servis edebilirsiniz.

e) Bir kaşık alın ve sıcak ve meyveli Cherry Cobbler'ın içine dalın!

62.muhallebi kek

İÇİNDEKİLER:

- 2 bardak graham kraker kırıntısı
- ½ bardak tuzsuz tereyağı, eritilmiş
- 2 (8 ons) paket krem peynir, yumuşatılmış
- 1 su bardağı pudra şekeri
- 1 çay kaşığı vanilya özü
- 1 bardak ağır krema, çırpılmış
- 1 (21 ons) kutu kirazlı turta dolgusu

TALİMATLAR:

a) Orta boy bir kapta graham kraker kırıntılarını ve eritilmiş tereyağını birleştirin. Kırıntılar eşit şekilde tereyağı ile kaplanana kadar karıştırın.

b) Kırıntı karışımını 9 inçlik yaylı tavanın tabanına bastırarak eşit bir katman oluşturun. Doldurmayı hazırlarken soğuması için tavayı buzdolabına yerleştirin.

c) Büyük bir karıştırma kabında krem peynirini pürüzsüz ve kremsi bir kıvama gelinceye kadar çırpın.

ç) Krem peynire pudra şekeri ve vanilya özütünü ekleyin ve iyice birleşene kadar çırpmaya devam edin.

d) Çırpılmış kremayı yavaşça katlayın.

e) Krem peynir karışımını kelepçeli tavadaki soğutulmuş kabuğun üzerine dökün ve eşit şekilde dağıtın.

f) Vişneli pastayı krem peynir karışımının üzerine kaşıkla dökün ve bir tabaka oluşturacak şekilde yayın.

g) Tavayı plastik ambalajla örtün ve en az 4 saat veya gece boyunca buzdolabında bekletin.

ğ) Ayarlandıktan sonra kelepçeli tavanın kenarlarını çıkarın ve pastayı dilimleyerek servis yapın. Pişmeyen nefis vişneli muhallebi pastasının tadını çıkarın!

63.Limonlu kiraz fındık köpüğü

İÇİNDEKİLER:

- ½ bardak Bütün doğal badem
- 1 Zarf aromasız jelatin
- 3 yemek kaşığı Limon suyu
- 1 su bardağı toz şeker; bölünmüş
- 1 kutu (12 ons) buharlaştırılmış süt
- 1 kutu (21 ons) kirazlı turta doldurma ve tepesi
- 2 çay kaşığı rendelenmiş limon kabuğu
- ¼ çay kaşığı Badem özü
- 4 Yumurta beyazı

TALİMATLAR:

a) Bademleri bir fırın tepsisine tek kat halinde yayın. 350 dereceye ısıtılmış fırında, ara sıra karıştırarak, hafifçe kızarana kadar 12-15 dakika pişirin. Soğutun ve ince doğrayın.

b) Küçük, ağır bir tencerede jelatini 3 yemek kaşığı suyun üzerine serpin. Jelatin suyu emene kadar 2 dakika bekletin.

c) Limon suyunu ve ½ bardak şekeri karıştırın; jelatin ve şeker tamamen eriyene ve sıvı berraklaşana kadar karışımı düşük ateşte karıştırın.

ç) Buharlaştırılmış sütü büyük bir karıştırma kabına dökün; vişneli pasta dolgusunu, limon kabuğunu ve badem özünü karıştırın. Çözünmüş jelatin karışımını iyice karıştırarak ilave edin.

d) Karışım kalın ve puding kıvamına gelinceye kadar soğutun.

e) Yumurta aklarını hafif ve köpüklü olana kadar çırpın. Kalan şekeri yavaş yavaş ekleyin.

f) Sert beze oluşana kadar çırpmaya devam edin. Bezeyi kiraz karışımına katlayın. Kıyılmış bademleri yavaşça katlayın.

g) 8 servis kasesine köpüğü kaşıkla dökün. Servis yapmadan önce en az 2 saat veya gece boyunca örtün ve soğutun.

64.Kiraz köpüğü

İÇİNDEKİLER:

- 6 adet büyük yumurta, ayrılmış
- ½ bardak) şeker
- ¼ bardak Artı 2 Yemek Kaşığı Su
- 3½ pint Ağır Krema
- 3½ bardak Tart Veya Tatlı Kiraz, Püre

TALİMATLAR:

a) Beyazları buzdolabına, sarıları ise büyük paslanmaz çelik bir kaseye koyun ve bir kenara koyun.

b) Ağır bir tencerede şekeri ve suyu birleştirin. Çözünene kadar karıştırın ve yüksek ateşe koyun. 2 ila 3 dakika kaynatın. Berraklaşıp şeker tamamen eridiğinde ocaktan alın ve hızla yumurta sarısını ekleyerek çırpın. Bir el mikseri kullanarak bu karışımı yüksek hızda 5 ila 8 dakika veya sert ve parlak oluncaya kadar çırpın. Bir kenara koyun.

c) Kremayı sert tepecikler oluşuncaya kadar çırpın ve bir kenara koyun. Yumurta aklarını sert tepeler oluşturacak şekilde çırpın ve bir kenara koyun.

ç) Püre halindeki kirazları yumurta sarısı karışımına ekleyin ve iyice karıştırın. Çırpılmış kremayı ve ardından yumurta aklarını katlayın. Bireysel servis tabaklarına veya büyük bir kaseye dökün ve en az 2 saat, mümkünse daha uzun süre hızla buzdolabında saklayın. Garnitür olarak krem şanti veya fındıkla servis yapın.

65.Çift Kiraz Semifreddo

İÇİNDEKİLER:

- 1 bardak taze kiraz, çekirdeği çıkarılmış ve yarıya bölünmüş
- 1 bardak maraschino kirazı, süzülmüş ve yarıya bölünmüş
- ½ su bardağı toz şeker
- 1 yemek kaşığı limon suyu
- 4 büyük yumurta, ayrılmış
- ½ su bardağı toz şeker
- 1 çay kaşığı vanilya özü
- 1 ½ bardak ağır krema
- ½ bardak badem ezmesi (isteğe bağlı)
- Süslemek için taze nane yaprakları (isteğe bağlı)

TALİMATLAR:

a) Bir tencerede taze kirazları, maraschino kirazlarını, toz şekeri ve limon suyunu birleştirin. Orta ateşte, ara sıra karıştırarak, kirazlar suyunu bırakıp şeker eriyene kadar pişirin. Bu yaklaşık 10 dakika sürecektir. Isıdan çıkarın ve tamamen soğumasını bekleyin.

b) Kiraz karışımı soğuduktan sonra bir blender veya mutfak robotuna aktarın ve pürüzsüz hale gelinceye kadar karıştırın. Bir kenara koyun.

c) Bir karıştırma kabında yumurta sarılarını, toz şekeri ve vanilya özünü koyulaşıp rengi açılana kadar çırpın.

ç) Ayrı bir kapta, ağır kremayı yumuşak tepeler oluşuncaya kadar çırpın.

d) Çırpılmış kremayı, iyice birleşene kadar yavaşça yumurta sarısı karışımına katlayın.

e) İstenirse, semifreddo'ya biraz doku eklemek için badem ununu katlayın.

f) Semifreddo karışımının yarısını bir somun tavasına veya dondurucuda güvenli bir kaba dökün.

g) Tavadaki semifreddo karışımının üzerine vişne püresinin yarısını kaşıkla dökün. Püreyi krema karışımına karıştırmak için bir bıçak veya şiş kullanın.

ğ) Semifreddo karışımının kalan yarısını kiraz girdabının üzerine dökün.

h) Kalan vişne püresini de üzerine dökün ve kremalı karışımın içine karıştırın.

ı) Tavayı plastik ambalajla örtün ve sertleşinceye kadar en az 6 saat veya gece boyunca dondurun.

i) Servis yapmaya hazır olduğunuzda semifreddo'yu dondurucudan çıkarın ve hafifçe yumuşaması için birkaç dakika oda sıcaklığında bekletin.

j) Arzu ederseniz taze nane yapraklarıyla süsleyin.

k) Semifreddo'yu dilimleyin ve hemen servis yapın.

l) Keyifli Double Cherry Semifreddo'nun tadını çıkarın!

66.Tart Vişneli Girdap Hindistan Cevizli Dondurma

İÇİNDEKİLER:

- ¾ bardak artı 2 yemek kaşığı buharlaştırılmış şeker kamışı
- 1 (13½ ons) kutu tam yağlı hindistan cevizi sütü (hafif değil)
- 1 su bardağı süt içermeyen süt
- 1 çay kaşığı vanilya özü
- ⅓ bardak kurutulmuş tart kiraz, iri kıyılmış
- ¼ bardak su
- ½ çay kaşığı ararot veya tapyoka nişastası
- ½ çay kaşığı taze limon suyu

TALİMATLAR:

a) Büyük bir tencerede ¾ bardak şekeri hindistan cevizi sütü ve diğer süt ürünü olmayan sütle birleştirin ve karıştırarak ekleyin. Orta ateşte, karışımı sık sık karıştırarak kaynatın.

b) Kaynamaya başlayınca ateşi orta-düşük seviyeye indirin ve şeker eriyene kadar yaklaşık 5 dakika sürekli çırpın. Ateşten alın ve vanilyayı ekleyip karıştırarak birleştirin.

c) Karışımı ısıya dayanıklı bir kaba aktarın ve tamamen soğumasını bekleyin.

ç) Dondurma tabanı soğurken kurutulmuş kirazları ve suyu küçük bir tencerede birleştirin. Kirazlar yumuşayana ve karışım köpürmeye başlayana kadar orta ateşte pişirin.

d) Küçük bir kapta kalan 2 yemek kaşığı şekeri ve nişastayı birleştirin. Karışımı kirazların üzerine serpin ve ateşi kısın.

e) Karışım koyulaşana kadar yaklaşık 3 dakika pişirmeye devam edin, ardından limon suyunu ekleyin. Tamamen soğuması için ısıya dayanıklı bir kaba aktarın.

f) Dondurma bazı karışımını 1½ veya 2 litrelik dondurma makinesinin kasesine dökün ve üreticinin talimatlarına göre işlem yapın. Dondurma hazır olduğunda üçte birini dondurucuya uygun bir kaba alın, ardından soğutulmuş vişne karışımının yarısını ekleyin.

g) Dondurmanın üçte birini daha ekleyin ve üzerine kalan kiraz karışımını ekleyin.

ğ) Dondurmanın son üçte birini üstüne koyun, ardından karışımın içine 2 veya 3 kez bir tereyağı bıçağı çekerek döndürün. Sandviçleri birleştirmeden önce en az 2 saat boyunca dondurucuda hava geçirmez bir kapta saklayın .

SANDVİÇ YAPMAK İÇİN

h) Dondurmayı hafifçe yumuşatın ki kepçeyle kolayca alınabilsin. Kurabiyelerin yarısını altları yukarı gelecek şekilde temiz bir yüzeye yerleştirin. Her kurabiyenin üstüne bir kepçe dondurma (yaklaşık ⅓ bardak) koyun.

ı) Kurabiye altları dondurmaya temas edecek şekilde dondurmanın üzerine kalan kurabiyeleri ekleyin.

i) Çerezleri düzleştirmek için yavaşça aşağı doğru bastırın.

j) Her sandviçi plastik ambalaja veya mumlu kağıda sarın ve yemeden önce en az 30 dakika dondurucuya koyun.

67.Eski Tarz Dondurma

İÇİNDEKİLER:

- ¼ bardak portakal suyu
- 0½ 0 ons Üçlü Saniye
- 2 ons Jack Daniel's
- 8 damla Aromatik bitter
- 1 ¼ su bardağı pudra şekeri
- 2 su bardağı ağır krem şanti
- 1-2 brendi kiraz

TALİMATLAR:

a) Jack Daniel's, triple sec ve bitterleri geniş bir kapta birleştirin .

b) Birleştirilene kadar her seferinde ¼ fincan pudra şekeri ilave edin .

c) Krem şantiyi ekleyin ve kalınlaşana kadar karıştırın, ancak sertleşmeyin.

d) Hava geçirmez bir kaba veya folyoyla kaplı yağlı kağıt kaplı bir tavaya yerleştirin.

e) Gece boyunca veya birkaç güne kadar dondurun.

f) Üstüne brendi kirazları ekleyerek servis yapın.

68.Kiraz ve Badem Pavlova

İÇİNDEKİLER:

- 4 yumurta akı
- 1 su bardağı pudra şekeri
- 1 çay kaşığı beyaz sirke
- 1 çay kaşığı mısır nişastası
- 1 su bardağı krem şanti
- 1 su bardağı çekirdekleri çıkarılmış taze kiraz
- ¼ bardak dilimlenmiş badem, kızartılmış

TALİMATLAR:

a) Fırını 300°F'ye (150°C) önceden ısıtın. Bir fırın tepsisini parşömen kağıdıyla hizalayın.

b) Yumurta aklarını sert zirveler oluşuncaya kadar çırpın. Her eklemeden sonra iyice çırparak, her seferinde bir çorba kaşığı olmak üzere yavaş yavaş şeker ekleyin.

c) Sirke ve mısır nişastasını ekleyin ve birleşene kadar çırpın.

ç) Karışımı hazırlanan fırın tepsisine 8 inçlik (20 cm) bir daire oluşturacak şekilde kaşıkla dökün.

d) Bir spatula kullanarak pavlovanın ortasında bir havuz oluşturun.

e) 1 saat veya pavlovanın dışı gevrek, içi yumuşak oluncaya kadar pişirin.

f) Tamamen soğumaya bırakın.

g) Pavlovanın üzerine çırpılmış kremayı sürün. Çekirdekleri çıkarılmış kirazları ekleyin ve üzerine kavrulmuş dilimlenmiş badem serpin.

69.Taze kirazlı turta

İÇİNDEKİLER:

- 2 Yumurta Sarısı
- 1 Bütün Yumurta
- 3½ su bardağı Tatlı Olgun Kiraz
- ½ bardak) şeker
- ½ bardak Tereyağı, eritilmiş
- 1 su bardağı Un
- 3 Yemek Kaşığı Koyu Rum
- 1 çay kaşığı rendelenmiş limon kabuğu rendesi
- 1 bardak Süt
- Pudra Şekeri ve Krem Fraiche

TALİMATLAR:

a) Kirazların çekirdeklerini dikkatlice çıkarın ve bütün olarak bırakın. Şekeri, yumurta sarısını ve yumurtayı pürüzsüz hale gelinceye kadar çırpın.

b) ⅓ bardak tereyağını, ardından unu, romu, kabuğu rendesini ve sütü çırpın. Hamur çok pürüzsüz olmalıdır.

c) İstenirse hamur bir karıştırıcıda hızlı bir şekilde karıştırılabilir.

ç) 9 inçlik bir pişirme kabını veya tavayı kalan tereyağıyla kaplayın. Altına kirazları dizin ve hamuru üzerine dökün.

d) Önceden ısıtılmış 400 derecelik fırında 35 - 40 dakika veya altın rengi kahverengi olana ve hafifçe kabarıp sertleşene kadar pişirin.

e) Üzerine biraz pudra şekeri ve bir veya iki parça creme fraiche ekleyerek sıcak olarak servis yapın.

CREME FRAICHE'İN YAPILMASI:

f) Bir tencerede 2 bardak ağır kremaya 3 yemek kaşığı kültürlü ayran veya 1 bardak kültürlü ekşi krema ekleyin. Yaklaşık 90 dereceye kadar hafifçe ısıtın. Isıyı düşürün ve temiz bir kavanoza dökün.

g) Gevşek bir şekilde örtün ve oda sıcaklığında (75 - 80 derece) 6 - 8 saat veya krema çok kalınlaşana kadar gece boyunca bekletin.

ğ) Yavaşça karıştırın, örtün ve 2 haftaya kadar buzdolabında saklayın.

70.Vişneli Rulo Dondurma

İÇİNDEKİLER:
BAZ BİLEŞENİ
- 1 su bardağı krema
- ½ bardak Yoğunlaştırılmış Süt

SÜSLEME
- 1 ila 2 damla kiraz çiçeği özü
- 4 ons beyaz çikolata, doğranmış
- ¼ bardak kiraz , süzülmüş
- Bir avuç Antep fıstığı (isteğe bağlı)

TALİMATLAR:
a) Temiz ve büyük bir fırın tepsisi alın ve kremayı ve yoğunlaştırılmış sütü ekleyin.

b) Üzerine malzemeleri ekleyip spatulayla ezin.

c) Eşit şekilde yayın ve gece boyunca dondurun.

ç) Ertesi gün aynı spatulayla dondurmayı tepsinin bir ucundan diğer ucuna doğru yuvarlayın.

71.Vişneli Cheesecake Dondurma

İÇİNDEKİLER:

- 3 ons krem peynir, yumuşatılmış
- 1 (14 ons) kutu şekerli yoğunlaştırılmış süt
- 2 bardak yarım buçuk
- 2 su bardağı krem şanti
- 1 yemek kaşığı vanilya özü
- ½ çay kaşığı badem özü
- 10 ons maraschino kirazı, süzülmüş ve doğranmış

TALİMATLAR:

a) Büyük bir mikser kabında krem peyniri kabarıncaya kadar çırpın.

b) Pürüzsüz hale gelinceye kadar yavaş yavaş şekerli yoğunlaştırılmış süt ekleyin.

c) Kalan malzemeleri ekleyin; iyice karıştırın.

ç) Dondurma dondurucu kabına dökün ve üreticinin talimatlarına göre dondurun.

72.Kirazlı kek

İÇİNDEKİLER:

- 1 paket çikolatalı kek karışımı
- 21 ons kutu kirazlı turta dolgusu
- ¼ su bardağı sıvı yağ
- 3 yumurta
- Kiraz Sırlaması

TALİMATLAR:

a) Karıştırın ve yağlanmış bir Bundt kalıbına dökün.
b) 350°'de 45 dakika pişirin.
c) Tavada 30 dakika soğumaya bırakın, ardından çıkarın.

73.Kiraz pastası

İÇİNDEKİLER:

- 3 büyük Yumurta
- 4½ ons Pudra şekeri (granül)
- 3 ons Sade un
- ½ ons Kakao tozu
- 15 ons siyah kiraz
- 2 çay kaşığı Ararot
- 1 pint Çift krema (en fazla)
- 3 yemek kaşığı Kirsch veya brendi
- 3 Cadbury gevreği

TALİMATLAR:

a) Yumurtaları ve şekeri çok soluk ve çok koyu bir kıvama gelinceye kadar çırpın ve çırpıcı kaldırıldığında iz bırakacaktır. Un ve kakaoyu iki kez eleyin ve yumurtalı karışıma ekleyin. Yağlanmış ve astarlanmış 23cm/9" yuvarlak derin kek kalıbına dökün.

b) 375F'de yaklaşık 30 dakika veya dokunulabilecek kadar sertleşene kadar pişirin. Tel raf üzerinde soğutun.

c) Kek soğuyunca üç parçaya bölün. Şurup kutusunu saklayarak kirazları boşaltın. Yarım litre şurubu (gerekirse su ekleyerek) ararot ile bir tencerede karıştırın ve karıştırarak kaynatın. Kalınlaşana ve berraklaşana kadar pişirin.

ç) Kirazları ikiye bölün, çekirdeklerini çıkarın ve tavaya ekleyin, birkaç tanesini dekorasyon için ayırın. Serin. Kremayı kalınlaşana kadar çırpın.

d) Alt kek katını servis tabağına alıp üzerine vişneli karışımın yarısını ve bir kat daha kremayı yayın. İkinci kek katını üzerini kapatın. Kirsch veya brendi serpin, ardından kalan kiraz karışımını ve başka bir krema tabakasını üzerine yayın. Pastanın üst katını kremanın üzerine dikkatli bir şekilde koyun.

e) Süslemek için biraz krema ayırıp kalanını pastanın üstüne ve yanlarına sürün. Üstte dekoratif bir desen yapın. Çikolatayı rendeleyin veya rendeleyin ve çoğunu pastanın kenarlarına bastırın.

f) Ayırdığınız kremayı kekin üzerine sıkarak sıkın ve kalan çikolata ve ayrılmış vişnelerle süsleyin. Servis yapmadan önce pastayı 2-3 saat bekletin.

74.Vişneli sufle

İÇİNDEKİLER:

- 16 ons Çekirdekleri çıkarılmış ekşi kiraz, Süzülmüş
- 5 yemek kaşığı Brendi
- 4 Kare Pişirme Çikolata
- 2 Zarf aromasız Jelatin
- 3 Yumurta, ayrılmış
- 14 ons şekerli yoğunlaştırılmış süt
- 1½ çay kaşığı Vanilya
- 1 su bardağı buharlaştırılmış süt

TALİMATLAR:

a) Kirazları doğrayın ve brendi (veya kiraz sıvısı) içinde marine edin. Jelatini yarım bardak vişne suyuna batırın.

b) Yumurta sarısını hafifçe çırpın; şekerli süt ve jelatini karıştırın. Jelatin eriyene kadar kısık ateşte ısıtın; Çikolatayı ekleyin ve eriyene ve karışım hafifçe koyulaşana kadar ısıtın. Kirazları ve vanilyayı karıştırın; Karışım bir kaşıktan düştüğünde hafifçe topaklaşana kadar soğutun.

c) Buharlaştırılmış süt ve yumurta aklarını, karışım sert zirvelere ulaşıncaya kadar çırpın.

ç) Jelatin karışımını katlayın. 3 inçlik yakalı 1 litrelik bir sufle tabağına dökün. Donana kadar, birkaç saat veya gece boyunca soğutun. Yakayı çıkarın; kiraz, çikolata bukleleri veya çırpılmış tepesi ile süsleyin.

75.Vişneli Tiramisu

İÇİNDEKİLER:

KİRAZ DOLGUSU İÇİN

- ½ bardak vişne suyu veya şurubu
- 1 su bardağı çekirdekleri çıkarılmış kavanoz kiraz
- 1 yemek kaşığı mısır unu
- 2 yemek kaşığı şeker

KAHVE KARIŞIMI İÇİN

- 2 yemek kaşığı hazır kahve
- 1 su bardağı sıcak su

MASCARPONE KREM İÇİN

- 200 ml ağır krema
- 250 gr mascarpone
- 6-8 yemek kaşığı pudra şekeri
- 1 çay kaşığı vanilya özü

MONTAJ İÇİN

- 15 adet kedi dili bisküvisi yakl. 100 gram
- çikolata sosu
- koyu çikolata talaşı
- toz almak için kakao tozu
- garnitür için taze veya kavanozlanmış kiraz

TALİMATLAR:

a) 2 yemek kaşığı vişne suyunu/şurupunu vişnelerle, şeker ve mısır unuyla karıştırarak vişne dolgusunu hazırlayın.

b) Kalan vişne suyunu kaynatın ve ardından vişnelerinizi ekleyin. Sıvı koyulaşana ve kirazlar hafifçe yumuşayana kadar kısık ateşte karıştırın. Soğuması için bir kenarda bekletin.

c) Hazır kahveyi sıcak suyla karıştırarak kahvenizi hazırlayın ve soğuması için bir kenarda bekletin. Hazır kahve yerine espresso kapsülleri de kullanabilirsiniz. Bir fincan kahveye ihtiyacın var.

ç) Soğuk bir kapta, ağır kremanızı orta zirvelere kadar çırpın. Daha sonra mascarpone, pudra şekeri ve vanilya özütünü ekleyin. Her şey kremsi ve pürüzsüz olana kadar çırpın.

d) Her şey soğuduğunda montaja başlayın. Üç adet orta-büyük boy çeşitli bardak kullanıyorum. Tercih ettiğiniz herhangi birini kullanabilirsiniz.

e) Kedi parmaklarını kahveye batırarak başlayın. Bir saniyeden fazla suya dalmamalısınız. Çok çabuk yumuşak ve duygusal hale gelirler. Üstelik üzerine mascarpone konularak yumuşamaya devam edecekler. Servis bardaklarınıza göre büyükse kedi dillerini kırın . Dilediğiniz kadar kedi parmağıyla tabana bir taban yapın.

f) Daha sonra üzerine biraz mascarpone kreması dökün. Dilediğiniz kadar çikolata sosu gezdirin. Daha sonra bir kat kiraz ekleyin. Kahveye batırılmış başka bir kedi dili tabanı ve ardından mascarpone kreması ile tekrarlayın.

g) Kakao tozu serpin ve biraz çikolata talaşı serpin. Üzerine taze bir kiraz ekleyin. BEN

ğ) Servis yapmadan önce 2-3 saat buzdolabında bekletin. Soğuğun tadını çıkarın!

76.Kiraz Meyveli Chia Puding

İÇİNDEKİLER:

- 2 yemek kaşığı chia tohumu
- ½ su bardağı şekersiz badem sütü
- 1 çay kaşığı akçaağaç şurubu
- ½ çay kaşığı vanilya özü
- ⅓ bardak dondurulmuş orman meyveleri, çözülmüş
- 1 yemek kaşığı vegan doğal hindistan cevizi yoğurdu
- 1 yemek kaşığı granola

TALİMATLAR:

a) Chia Pudingi: Chia tohumlarını, badem sütünü, akçaağaç şurubunu ve vanilya özünü küçük bir kasede çırpın. 10 dakika bekletin ve biraz kalınlaşmasına izin verin. 10 dakika sonra, oluşmuş olabilecek topakları gidermek için tekrar çırpın ve tohumları sütün içine eşit şekilde dağıtın.

b) Chia pudingini hava geçirmez bir kaba dökün ve en az bir saat, tercihen bir gece buzdolabında bekletin.

c) Vişneli Yoğurt: Bu arada Vişneli yoğurdu yapın. Meyveleri, dokusundan memnun kalana kadar çatalla ezin. Alternatif olarak küçük bir blender kullanabilirsiniz. Daha sonra yoğurdu püre haline getirilmiş meyvenin içine tamamen karışana kadar karıştırın. Chia pudinginiz koyulaşana kadar üzerini örtün ve buzdolabında saklayın.

ç) Üst Malzemeler: Servis etmeye hazır olduğunuzda, chia pudinginin üzerine kirazlı yoğurdu kaşıkla dökün ve üzerine biraz çıtır granola serpin. Ayrıca üzerini taze kirazlarla doldurmayı da seviyorum.

77.Kiraz Cannoli

İÇİNDEKİLER:
CANNOLİ İÇİN
- 2 büyük yumurta akı
- ⅓ su bardağı şeker
- 1 yemek kaşığı kanola yağı
- 1 yemek kaşığı tereyağı, eritilmiş
- 2 çay kaşığı saf vanilya özü
- 1 yemek kaşığı kakao tozu
- ⅓ bardak çok amaçlı un

KAVRULMUŞ KİRAZ İÇİN
- 2 bardak taze kiraz, çekirdekleri çıkarılmış
- ⅓ su bardağı şeker
- 2 çay kaşığı mısır nişastası

KREMA İÇİN
- 1 su bardağı soğutulmuş ağır krem şanti
- 1 yemek kaşığı kirş
- 1 su bardağı pudra şekeri

TALİMATLAR:
a) Fırını 375'e önceden ısıtın.

b) İki fırın tepsisini pişirme spreyi ile hafifçe yağlayın; bir kenara koyun.

c) Orta boy bir kapta yumurta aklarını, şekeri, kanola yağını, eritilmiş tereyağını ve vanilyayı birlikte çırpın. İyice birleşene kadar çırpın.

ç) Kakao tozu ve unu ekleyin; Pürüzsüz olana ve topak kalmayıncaya kadar çırpmaya devam edin.

d) Her fırın tepsisine 4 höyük hamuru dökün, her biri için 3 çay kaşığı hamur kullanın, kurabiyeleri 3 inç aralıklarla yerleştirin.

e) Kaşığın arkasıyla her kurabiyeyi yaklaşık 4 inç çapa kadar yayın.

f) 6 ila 7 dakika veya kenarları kahverengileşene kadar pişirin.

g) Ofset bir spatula kullanarak kurabiyeleri fırın tepsisinden gevşetin ve tüp şekline getirin. Yuvarlak bir metal kap kullanabilir ve kurabiyeleri bunun etrafına sarabilirsiniz.

ğ) Çerezleri dikiş tarafı aşağı gelecek şekilde yerleştirin ve soğumaya bırakın.

h) Bu arada kirazları hazırlayın.

ı) Fırını 400'e önceden ısıtın.

i) Kirazları, şekeri ve mısır nişastasını bir karıştırma kabında birleştirin ve karıştırın.

j) Bir fırın tepsisine/tabaka aktarın.

k) Her 15 dakikada bir karıştırarak 40 ila 45 dakika veya meyve suları kabarcıklar çıkana kadar kızartın.
l) Tamamen soğumaya bırakın ve kullanıma hazır olana kadar buzdolabına koyun.
m) Krem şantiyi hazırlayın.
n) Soğutulmuş ağır krem şantiyi, Kirsch'i ve pudra şekerini mikserinizin kasesinde birleştirin.
o) Karışımı sert zirveler oluşana kadar çırpın; kullanıma hazır olana kadar soğutun.
ö) Çerezleri Birleştir
p) Kavrulmuş kirazları eşit şekilde bölün ve her bir cannoli kabuğuna doldurun.
r) Hazırladığınız kremayı yıldız uçlu sıkma torbasına dökün ve dolguyu cannoli kabuklarına sıkın.
s) Sert.

78.Vişneli turta

İÇİNDEKİLER:

- ½ bardak tereyağı
- 21 ons konserve kirazlı turta dolgusu
- 1¼ su bardağı çikolatalı gofret kırıntısı
- 3 yumurta
- ⅔ su bardağı un
- 1 yemek kaşığı ağır krem şanti
- ¼ çay kaşığı tuz
- 2 ons yarı tatlı çikolata
- ⅔ su bardağı şeker
- 1 çay kaşığı vanilya özü

TALİMATLAR:

a) Küçük bir kapta gofret kırıntılarını ve şekeri birleştirin; tereyağını karıştırın. Hafifçe yağlanmış 11 inçlik kalıbın altına ve yanlarına bastırın. Çıkarılabilir tabanı olan yivli tart kalıbı.

b) Tavayı bir fırın tepsisine yerleştirin.

c) 350°'de 8-10 dakika veya hafifçe kızarana kadar pişirin. Tel raf üzerinde soğutun.

ç) Mikrodalgada tereyağı ve çikolatayı eritin; pürüzsüz olana kadar karıştırın. 10 dakika soğutun. Büyük bir kapta yumurtaları, şekeri, vanilyayı ve tuzu koyulaşana kadar yaklaşık 4 dakika çırpın. Çikolatalı karışımı ekleyip karıştırın. Unu karıştırın ve iyice karıştırın.

d) Kabuğa dökün; eşit şekilde yayıldı.

e) 350°'de 25-30 dakika veya ortasına yakın bir yere batırılan kürdan temiz çıkana kadar pişirin. Tel raf üzerinde tamamen soğutun.

f) En üste pasta dolgusunu yayın.

g) Mikrodalgada çikolata ve kremayı eritin; pürüzsüz olana kadar karıştırın. Ara sıra karıştırarak 5 dakika soğutun.

ğ) Tartın üzerine gezdirin. Ayarlanana kadar soğutun.

79.Brownie ile kirazlı dondurma

İÇİNDEKİLER:

DONDURMA İÇİN
- 568ml tencere tekli krema
- 140 gr pudra şekeri
- 4 yumurta sarısı
- ½ çay kaşığı vanilya özü
- 200 gr bitter çikolata (%70 kakao), ayrıca süslemek için ekstra

VİŞNE SOSU İÇİN
- 1/2 400g konserve kiraz
- 2 yemek kaşığı kirsch veya brendi

HİZMET ETMEK
- 148 ml çift krem
- 2 çay kaşığı pudra şekeri
- 2 adet brownie karesi

BROWNİLER İÇİN
- 200 gr tereyağı
- 175 gr esmer şeker
- 140 gr toz şeker
- 4 yumurta
- 50 gr öğütülmüş badem
- 50 gr sade un
- 200 gr bitter çikolata

TALİMATLAR:

a) Dondurma için kremayı tencereye alıp kaynamaya bırakın. Şekeri, yumurta sarısını ve vanilyayı birlikte çırpın. 2 yemek kaşığı kremayı yumurtalı karışıma ekleyip çırpın.

b) Yumurta karışımını kremayla birlikte tavaya dökün, ısıyı azaltın, ardından tahta bir kaşıkla sürekli karıştırarak, muhallebi kaşığın arkasını kaplayana kadar birkaç dakika pişirin.

c) Çikolatayı mikrodalgada Yüksek ayarda 1 dakika eritin, ardından muhallebi kasesine karıştırın. Muhallebi soğuduğunda, üreticinin talimatlarına göre bir dondurma makinesinde çalkalayın.

ç) Sosu hazırlamak için kirazları süzün, sıvısını ayırın ve bir kenara koyun. Sıvıyı kirsch veya brendi ile birlikte bir tencereye koyun ve 5 dakika veya şurup kıvamına gelinceye kadar pişirin. Kirazları ısıtmak için tavaya geri koyun.

d) Dondurmaları birleştirmek için kremayı pudra şekeriyle yumuşak tepeler oluşana kadar çırpın. Brownie'leri lokma büyüklüğünde parçalar halinde kesin ve ardından 4 bardağın dibine bir avuç dolusu yerleştirin. Üzerine dondurmayı dökün, ardından kirazları ve sosu gezdirin. Krem şanti ile doldurun ve rendelenmiş çikolatayı serpin.

e) BROWNİLER İÇİN: Fırını 180°C/fan 160°C/gaz 4'e ısıtın, ardından 20 cm'lik kare brownie kalıbını yağlayın ve kaplayın. Tereyağı ve bitter çikolatayı bir tavada eriyene kadar ısıtın. Koyu kahverengi şekeri ve toz şekeri karıştırın. 5 dakika soğumaya bırakın, ardından yumurtaları karıştırın.

f) Bademleri ve unu karıştırın. Kalıba dökün, ardından tamamen pişene kadar 30-35 dakika pişirin.

İÇİNDEKİLER:

- 2 küçük armut, rendelenmiş
- 10 yemek kaşığı (60g) yulaf ezmesi
- 1 yemek kaşığı kakao tozu veya kakao tozu
- 200 gr Yunan yoğurdu artı 4 yemek kaşığı
- 5 yemek kaşığı süt
- 1 yemek kaşığı akçaağaç şurubu veya bal, ayrıca servis için ekstra (isteğe bağlı)
- 200 gr kiraz, ikiye bölünmüş ve çekirdekleri çıkarılmış
- 2 kare bitter çikolata

TALİMATLAR:

a) Armut, yulaf, kakao, yoğurt, süt ve akçaağaç şurubunu bir kasede birleştirin. Dört kaseye (veya işe götürüyorsanız kaplara) bölün.

b) İsterseniz her porsiyonun üzerine biraz kiraz, 1 yemek kaşığı yoğurt ve biraz fazladan akçaağaç şurubu ekleyin. Çikolatayı Bircher'ın üzerine ince bir şekilde rendeleyin ve her porsiyona hafif bir toz serpin.

c) Hemen yiyin veya buzdolabında 2 güne kadar soğutun.

81.Vişneli Kabak

İÇİNDEKİLER:

- 1 su bardağı krem şanti
- 1-2 yemek kaşığı şeker
- 14 ons kutu vişneli pasta dolgusu
- 3 yemek kaşığı rendelenmiş bitter çikolata
- 1 inç dokuz pişmiş çikolatalı kek

TALİMATLAR:

a) Pastayı ikiye bölün ve pişirme spreyi sıktığınız ve daha sonra kenarlarından sarkan plastik ambalajla kapladığınız 8 inçlik bir kaseye bastırın.

b) Plastik ambalajı içerideyken, üst kubbeyi oluşturmak için pastayı kasenin yanlarına mümkün olduğunca yukarı doğru bastırın.

c) Kiraz konservesine koyun.

ç) Kremayı bir bardak alıp krema kıvamına gelene kadar çırpın. Damak tadınıza göre şekeri ekleyin, ben pastanın içi çok tatlı olduğu için daha az tatlı kremayı tercih ediyorum.

d) Çırpılmış kremayı kekin üzerine, kirazların üzerine koyun.

e) Bitter çikolata parçacıklarını çırpılmış kremanın üzerine serpin.

f) Pastanın alt kısmını yerleştirin ve yerine oturana kadar fazlalıkları kesin. Sıkıca bastırın, ancak her şeyin tek parça çıkması için çok sıkı değil! Daha sonra, eğer kalan plastik ambalajınız varsa, kasenin kenarlarından çıkarın ve üzerini örtün.

g) Gece boyunca buzdolabında bekletin. Bir tabağa ters çevirin, plastik ambalajla birlikte güzelce çıkması gerekir.

ğ) Plastik ambalajı çıkarın ve keyfini çıkarın!

82.Kiraz Boule-de-Neige

İÇİNDEKİLER:

KEK

- Yapışmaz bitkisel yağ spreyi
- ⅓ bardak kiraz konservesi
- 2 yemek kaşığı kirsch
- 1 ½ su bardağı kurutulmuş tart kiraz
- 1 pound bitter çikolata, doğranmış
- 1 su bardağı (2 çubuk) tuzsuz tereyağı
- 1 ¼ su bardağı şeker
- 1 çay kaşığı vanilya özü
- 6 büyük yumurta
- ⅓ bardak çok amaçlı un

KIRSCH ŞANTİ KREMA

- 2 su bardağı soğutulmuş krem şanti
- ¼ su bardağı pudra şekeri
- 4 çay kaşığı kirsch (berrak kiraz brendi)
- ¼ çay kaşığı badem özü
- 16 adet şekerlenmiş menekşe yaprağı

TALİMATLAR:

KEK İÇİN:

a) Rafı fırının en alt üçte birlik kısmına yerleştirin ve önceden 350°F'ye ısıtın. 10 fincanlık metal bir kaseyi, yanlardan 3 inç uzayacak şekilde folyo ile kaplayın. Yapışmaz sprey ile folyoya püskürtün. Konserveleri orta boy bir tavada, orta ateşte, kirsch ile birlikte, konserveler eriyene kadar karıştırın.

b) Kurutulmuş kirazları ekleyin; kaynatın. Kapak; ateşten alın. Soğumaya bırakın.

c) Ağır, büyük bir tencerede orta-düşük ateşte çikolatayı tereyağıyla eritin, pürüzsüz hale gelinceye kadar karıştırın. Ateşten alın.

ç) Şekeri ve vanilyayı çırpın, ardından yumurtaları birer birer çırpın. Unu, ardından kiraz karışımını karıştırın. Hamuru hazırlanan kaseye aktarın.

d) Pastayı bir kapta 30 dakika pişirin. Aşırı kızarmayı önlemek için folyo çıkıntısını pastanın kenarlarına doğru katlayın.

e) Üst kısmı çatlayıp kuruyana kadar pastayı pişirmeye devam edin ve ortasına yerleştirilen test cihazı, yaklaşık 55 dakika daha uzun bir süre, bir miktar nemli hamur eklenmiş olarak çıksın. Pastayı raftaki bir kasede tamamen soğutun (kek ortasına düşebilir).

f) Pastanın kenarını pastanın ortasıyla aynı hizaya gelecek şekilde sıkıca bastırın. Örtün ve gece boyunca oda sıcaklığında bekletin.

KIRSCH ŞANTİ KREMA İÇİN:

g) Elektrikli bir karıştırıcı kullanarak kremayı, pudra şekerini, kirsch'i ve badem ekstraktını büyük bir kapta krema zirveye çıkana kadar çırpın.

ğ) Keki bir tabağa ters çevirin. Folyoyu soyun. Orta boy yıldız uçlu büyük bir pasta poşetine çırpılmış kremayı kaşıkla koyun. Krem şanti yıldızlarını pastanın üzerine sıkın, tamamen kaplayın. Bir kubbe oluşturmak için pastanın üst düz merkezinin üzerine ek yıldızlar yerleştirin.

h) Şekerlenmiş menekşelerle süsleyin.

İÇECEKLER

83.Kiraz-Vanilyalı Bourbon

İÇİNDEKİLER:

- 1 su bardağı çekirdeği çıkarılmış taze veya dondurulmuş kiraz
- 1 vanilya çekirdeği, bölünmüş
- 2 bardak burbon
- ½ bardak bal veya akçaağaç şurubu

TALİMATLAR:

a) Kirazları, vanilya çekirdeğini, burbonu ve balı bir cam kavanozda birleştirin.
b) Kapatın ve serin ve karanlık bir yerde 1 ila 2 hafta ara sıra çalkalayarak demlenmesini sağlayın.
c) Süzün ve temiz bir şişede saklayın.

84.Vişneli Limonata

İÇİNDEKİLER:
- 1 kilo taze vişne (bir kaç tanesini süslemek için ayırın)
- 2 su bardağı şeker
- 8 bardak su
- 6 ila 8 limon, ayrıca garnitür için ekstra

TALİMATLAR:
a) Orta boy bir tencerede vişneleri, şekeri ve 3 bardak suyu birleştirin.

b) 15 dakika pişirin, ardından oda sıcaklığına soğumasını bekleyin.

c) Karışımı ince gözenekli bir süzgeçten süzün.

ç) 1 ½ bardak limon suyu elde edecek kadar limonun suyunu sıkın.

d) Vişne suyunu, limon suyunu ve yaklaşık 5-6 bardak soğuk suyu (damak tadınıza göre ayarlayın) birleştirin.

e) İyice karıştırın ve istenirse ekstra lezzet için ince limon dilimleri ve taze kiraz ekleyin.

85.Vişneli Tutti-frutti

İÇİNDEKİLER:

- 4 kilo çilek
- 2 kilo ahududu
- 1 kilo yaban mersini
- 2 kilo şeftali
- İki adet 16 onsluk kutu vişneli turta
- 12 onsluk dondurulmuş kırmızı üzüm suyu kutusu
- 12 onsluk ananas, muz, tutku meyveli içecek olabilir
- 6 kilo şeker
- 2 kilo hafif bal
- beş galonu doldurmaya yetecek kadar su
- 10 çay kaşığı asit karışımı
- 1½ çay kaşığı tanen
- 2½ çay kaşığı pektik enzim
- 6 çay kaşığı maya besin maddesi
- 5 Campden tableti (ezilmiş) (isteğe bağlı)
- 1 paket şampanya mayası

TALİMATLAR:

a) Tüm meyveleri hazırlayın ve bir büyük veya iki küçük naylon süzme torbaya koyun. Meyve sularını çözdürün. Bunları sterilize edilmiş bir birincil fermentörün tabanına yerleştirin.

b) Su ısıtıcısının büyüklüğüne bağlı olarak yaklaşık 1 ila 2 galon suyu şeker ve balla kaynatın. Gerekirse yağlayın.

c) Sıcak şekerli suyu meyvelerin ve meyve sularının üzerine dökün. Beş galonu tamamlamak için gereken suyun geri kalanını ve biraz fazlasını ekleyin.

ç) Kullanmayı seçerseniz, Campden tabletleri de dahil olmak üzere maya besinini, asidi ve taneni ekleyin.

d) Kapağı kapatın ve bir hava kilidiyle takın. Campden tabletleri kullanıyorsanız pektik enzimi eklemeden önce en az 12 saat bekleyin. 12-24 saat sonra PA'yı kontrol edin ve mayayı ekleyin.

e) Her gün karıştırın. Bir veya iki hafta sonra meyve poşetlerini çıkarın ve sıkmadan süzülmelerini sağlayın. Meyveyi atın. Şarabın hacmini ve PA'yı kontrol edin. Daha fazla su eklemeniz gerekiyorsa yapın. Eğer biraz fazlanız varsa endişelenmeyin. Hayat bu haliyle çok kısa.

f) PA yüzde 2 ila 3'e düştüğünde şarabı cam damacanaya koyun ve içine bir hava kilidi takın.

g) Önümüzdeki altı ay boyunca iki kez daha rafa kaldırın. Şarap berraklaşana ve mayalanana kadar bekleyin.

ğ) Büyük ve normal boyutlu şişelerde şişeleyin. Denemeden önce altı ay bekleyin.

86.Ananaslı Kiraz Yumruğu

İÇİNDEKİLER:

- 3 onsluk kiraz jelatin karışımı paketi
- 1 su bardağı sıcak su
- 46 onsluk ananas suyu kutusu, soğutulmuş
- 4 bardak elma suyu, soğutulmuş
- ¾ su bardağı limon suyu
- 1 ltr. zencefilli gazoz, soğutulmuş
- Garnitürler: Maraschino kirazı, limon dilimleri

TALİMATLAR:

a) Jelatin karışımını ve sıcak suyu küçük bir kapta jelatin eriyene kadar karıştırın.

b) Büyük bir sürahiye dökün, meyve sularını karıştırın; sakin olmak.

c) Servis etmeye hazır olduğunuzda sürahiye zencefilli gazoz ekleyin ve birleştirmek için hafifçe karıştırın.

87.Bourbon ve Kiraz Kokteyli

İÇİNDEKİLER:

- 4 yemek kaşığı burbon
- 1 yemek kaşığı + 1 çay kaşığı kiraz brendi
- 1 yemek kaşığı kahverengi creme de kakao
- 1 çay kaşığı Kahlua

SÜSLEMEK İÇİN

- krema şamandırası (çift / ağır)
- Maraschino kirazı
- rendelenmiş çikolata/kakao tozu

TALİMATLAR:

a) Her kokteyl bardağına bir kiraz koyun
b) Kokteyl çalkalayıcıya veya sürahiye bir avuç buz koyun ve ardından alkolün tamamını ekleyin
c) 20 saniye karıştırın ve ardından bardaklara süzün
ç) Kokteylin üzerine biraz krema sürün (notlara bakın)
d) Rendelenmiş çikolata veya biraz elenmiş kakao tozu serpin

88.Kiraz Salatalık Tazeleyici

İÇİNDEKİLER:

- 1 salatalık, soyulmuş ve doğranmış
- 1 avuç kiraz
- 1 yemek kaşığı taze kişniş
- 3 bardak su

TALİMATLAR:

a) Malzemelerinizi bir sürahiye koyun.
b) Dikleşmesi için birkaç saat buzdolabında bekletin.
c) İyice soğutulmuş olarak servis yapın.

89.Vişneli limonata

İÇİNDEKİLER:

- 1 bardak taze kiraz, çekirdekleri çıkarılmış
- 2 limon, ince dilimlenmiş
- Agave şurubu, tadına göre

TALİMATLAR:

a) Malzemeleri kavanozunuza koyun.
b) Soğutulmuş hizmet.

90.Kiraz-Nane Suyu

İÇİNDEKİLER:

- 8 adet taze kiraz, çekirdeği çıkarılmış ve ikiye bölünmüş
- su
- ¼ bardak nane yaprağı

TALİMATLAR:

a) Kirazları ezin ve bir kavanoza koyun.
b) Kavanozu suyla doldurun; iyice çalkalayın.
c) Soğutulmuş olarak servis yapın ve tadını çıkarın!

91.Kiraz ve Maydanozlu Mokteyl

İÇİNDEKİLER:

- 7 ons füme şeker
- 7 ons taze kiraz, çekirdekleri çıkarılmış
- 4 dal taze maydanoz
- 2 yemek kaşığı bal
- 1 limonun suyu
- kulüp sodası

TALİMATLAR:

a) Füme şekeri 8 ons su ile bir tencerede birleştirin ve şeker eriyene kadar karıştırarak kısık ateşte pişirin.

b) Ateşten alıp kirazları ve maydanozu ekleyin.

c) Şurubu sterilize edilmiş bir cam kavanoza aktarın ve 3 saat boyunca demleyin.

ç) Aromalı şurubu 4 bardağa dökün ve bal ve limon suyunu ekleyin.

d) Üstüne soğutulmuş kulüp sodası ekleyin.

92.Buzlu Kiraz mocha

İÇİNDEKİLER:

- 4 yemek kaşığı Espresso
- buz
- 1 yemek kaşığı Çikolata şurubu
- 1 yemek kaşığı kiraz şurubu
- ½ yemek kaşığı Hindistan cevizi şurubu
- 16 yemek kaşığı Soğuk süt
- Krem şanti; üzeri için
- Rendelenmiş çikolata; üzeri için
- 1 Kiraz; Garnitür için

TALİMATLAR:

a) Espressoyu buzla dolu 12 onsluk bir bardağa dökün.

b) Şurup ve sütü ekleyip karıştırın.

c) Üzerine bol miktarda çırpılmış krema ve rendelenmiş çikolata ekleyin ve kirazla süsleyin.

93.Bing C Herry likörü

İÇİNDEKİLER:

- 2 dilim Limon
- 1 Beşinci VO
- Bing kirazları
- 2 yemek kaşığı Şeker

TALİMATLAR:

a) Her kavanozun yarısını kirazlarla doldurun.
b) Her birine bir dilim limon ve bir çorba kaşığı şeker ekleyin.
c) Daha sonra ağzına kadar VO ile doldurun, kapağını sıkıca kapatın, çalkalayın ve serin bir yerde 6 ay boyunca demlendirin.

94.Kiraz-Vanilyalı Bourbon

İÇİNDEKİLER:

- 2 vanilya fasulyesi , bölünmüş
- 8 ons kurutulmuş veya taze kiraz
- 32 ons viski

TALİMATLAR:

a)   Her şeyi birleştirin ve en az 2 gün boyunca serin ve karanlık bir yerde demleyin.

95.Kirazlı konyak

İÇİNDEKİLER:

- ½ pound Bing kirazları. saplı
- ½ pound Toz şeker
- 2 bardak brendi

TALİMATLAR:

a) Kirazları 1 litrelik bir kavanoza koyun.

b) Kirazların üzerine şekeri dökün.

c) Brendiyi şeker ve kirazların üzerine dökün.

ç) 3 ay boyunca dik. ÇALKALAMA.

d) Bir şişeye süzün.

96.Kirazla aşılanmış konyak

İÇİNDEKİLER:

- 33 ons konyak
- 0,15 ons Vanilya baklaları
- 23 ons Tatlı kiraz, çekirdekleri çıkarılmış
- 7 ons Pudra şekeri

TALİMATLAR:

a) İki litrelik bir kavanozu çekirdekleri çıkarılmış tatlı kirazlarla doldurun.

b) Pudra şekeri, vanilya çubuğu ve konyak ekleyin.

c) Kavanozu kapatın ve 2 hafta demleyin.

97.Kiraz Kombucha

İÇİNDEKİLER:

- 14 bardak siyah çay kombucha, bölünmüş
- 32 ons tatlı kiraz, çekirdekleri çıkarılmış

TALİMATLAR:

a) Bir mutfak robotu veya blenderde kirazları yaklaşık 1 bardak kombucha ile birlikte sıvılaşana kadar püre haline getirin.

b) Püreyi ve kalan kombuchayı 1 galonluk bir cam kavanoza ekleyin ve ağzını lastik bantla sabitlenmiş temiz beyaz bir bezle kapatın.

c) Kavanozu tezgahın üzerinde, yaklaşık 72°F sıcaklıkta, en az 12 saat ve en fazla 24 saat boyunca sıcak bir yerde bırakın. Ne kadar uzun süre demlenirse kiraz tadı o kadar güçlü olur.

ç) Herhangi bir katı maddeyi çıkarmak için kombucha'yı tel örgü süzgeçten geçirerek büyük bir kavanozun veya tencerenin üzerine dökün.

d) Bir huni kullanarak kombuchayı şişelere dökün ve kapaklarını sıkıca kapatın. Şişeleri 48 saat boyunca fermente etmek için yaklaşık 72°F sıcaklıktaki sıcak bir yere yerleştirin.

e) 1 şişeyi iyice soğuyuncaya kadar 6 saat buzdolabında saklayın. Şişeyi açın ve kombuchanın tadına bakın. Sizi tatmin edecek kadar kabarcıklıysa, tüm şişeleri soğutun ve soğuduktan sonra servis yapın.

f) İstediğiniz köpürme ve tatlılığa ulaştığınızda, fermantasyonu durdurmak için tüm şişeleri soğutun.

98.Kiraz Martini

İÇİNDEKİLER:

- 2 ons Vanilya Votka
- ½ ons Çikolata Likörü
- ½ ons Creme De Cacao
- 2 çay kaşığı kiraz suyu
- Garnitür: Krem Şanti/Çikolata Talaşı/Kiraz

TALİMATLAR:

a) Buzla doldurulmuş bir bardakta vanilya votkasını, çikolata likörünü, kakao kremasını ve vişne suyunu birleştirin.

b) İyi çalkala.

c) Karışımı bir kupa bardağa süzün ve üzerine çırpılmış krema, çikolata parçacıkları ve bir kiraz ekleyin.

99.Kiraz Boba milkshake

İÇİNDEKİLER:

- 110 ml çikolatalı sütlü içecek
- 3 kaşık süt tozu
- 2 yemek kaşığı kiraz tozu
- Birkaç kaşık kırılmış buz
- Ve ayrıca birkaç kaşık boba incisi

TALİMATLAR:

a) Her şeyi bir kapakla bir bardakta çalkalayın.
b) Son olarak buz ve boba incileri.

100.Vişneli Vanilyalı Smoothie

İÇİNDEKİLER:

- 1 su bardağı dondurulmuş çekirdeği çıkarılmış kiraz
- ¼ bardak çiğ macadamia fıstığı
- ½ muz, parçalar halinde kesilmiş
- ¼ bardak kurutulmuş goji meyveleri
- 1 çay kaşığı saf vanilya özü
- 1 bardak su
- 6 ila 8 buz küpü

TALİMATLAR:

a) Dondurma dışındaki tüm malzemeleri bir karıştırıcıya yerleştirin ve pürüzsüz ve kremsi bir kıvama gelinceye kadar işleyin.

b) Buzu ekleyin ve tekrar işleyin. Buz gibi soğuk iç.

ÇÖZÜM

Kirazın dünyasındaki yolculuğumuzu tamamlarken, umarım bu yemek kitabı size bu sevilen meyvenin tatlı ve mayhoş tatlarını kendi mutfağınızda keşfetmeniz için ilham vermiştir. "EN İYİ KİRAZ YEMEK KİTABI", kirazların lezzetli çok yönlülüğünü kutlama tutkusuyla hazırlandı ve her zevke ve duruma uygun geniş bir tarif yelpazesi sunuyor.

Bu mutfak macerasında bana katıldığınız için teşekkür ederim. Fırında pişen vişneli tartların karşı konulmaz kokusu, ocakta pişen vişne reçellerinin tatlı tadı ve sofranızı süsleyen vişne salatalarının canlı renkleri mutfağınızı doldursun. Kirazları ister tatlı bir atıştırmalık olarak ister lezzetli yemeklere katıyor olun, her lokma bu sevilen meyvenin lezzetinin bir kutlaması olsun.

Tekrar buluşana kadar, mutlu yemek pişirmeler ve mutfak kreasyonlarınızın keyif vermeye ve ilham vermeye devam etmesini dilerim. Kirazın muhteşem dünyasına ve sofralarımıza getirdiği neşeye selam olsun!